Roger Fritz

Erfolgsgeheimnis Positives Denken

ROGER FRITZ

ERFOLGSGEHEIMNIS POSITIVES DENKEN

DIE RICHTIGE EINSTELLUNG VERÄNDERT IHR LEBEN

Aus dem Amerikanischen
übersetzt von Gabriel Stein

Allegria

Die Originalausgabe erschien 2008 unter dem Titel
THE POWER OF A POSITIVE ATTITUDE –
Discovering the Key to Success
im Verlag JMW Group, Inc., Larchmont, NY, USA

Allegria ist ein Verlag der Ullstein Buchverlage GmbH
Herausgeber: Michael Görden

978-3-7934-2149-8

Übersetzung: Gabriel Stein
Lektorat: Marita Böhm
Umschlaggestaltung: FranklDesign, München
Titelabbildung: Shivananda Ackermann /
www.artshivananda.com
Gesetzt aus der NimbusSans
Satz: Keller & Keller GbR
Druck und Bindearbeiten: CPI-Clausen & Bosse, Leck
Printed in Germany

Inhalt

Vorwort

von Arthur R. Pell, Ph.D., Herausgeber

Als die Firma Armstrong Electronics eine neue Fabrik eröffnete, stellte Al Armstrong, ihr Gründer und Generaldirektor, Steve M. sowie Gary J. ein; Ersterer sollte die Tagschicht überwachen, Letzerer die Nachtschicht.

Sie kamen mit hervorragenden Referenzen zu ihm. Beide besaßen ein Diplom in Elektrotechnik, hatten Fertigungsanlagen in Elektronikfirmen beaufsichtigt und genügten vollauf den für die Position notwendigen technischen Anforderungen.

Wie kam es dann, dass ein Jahr später Garys Nachtschicht stets Steves Tagschicht übertraf? Die tagsüber tätige Gruppe verfehlte nicht nur die Norm in quantitativer sowie in qualitativer Hinsicht, sondern verzeichnete auch zahlreiche Ausfälle und Wechsel am Arbeitsplatz. Einige Arbeitnehmer hatten wegen ungerechter Behandlung ihre Beschwerden bei der Gewerkschaft eingereicht. Die Nachtschicht dagegen erzielte einen beneidenswerten Produktionsrekord, hatte nur wenige Ausfälle oder Wechsel am Arbeitsplatz, und es wurde keine einzige Beschwerde eingereicht.

Al Armstrong erörterte diese Situation mit Roger Fritz, dem international anerkannten Unternehmensberater und Autor dieses Buches. Nachdem Fritz beide Männer befragt und bei der Arbeit beobachtet hatte, lieferte er folgenden Bericht ab: »Der springende Punkt lässt sich in einem Wort zusammenfassen: *Einstellung*.«

Im Weiteren führte er aus: »Durch Garys positive Einstellung wurden seine Leute ermuntert, sich mit den Problemen auseinanderzusetzen und an deren Lösung hart zu arbeiten. Mit ähnlichen Problemen konfrontiert, hatte Steve hingegen nur willkürliche Lösungen parat (die oft nicht funktionierten), und seine Leute waren nicht motiviert, sich voll einzusetzen und bessere Lösungen zu finden.« So entwarf Fritz einen praktischen Plan, um Steve bei der Änderung seiner Einstellung behilflich zu sein und gleichzeitig Gary in seiner positiven Einstellung zu bestärken.

Die Einstellung betrifft nicht nur die Art und Weise, wie wir die Welt um uns sehen, sondern wirkt sich auch darauf aus, wie wir Situationen, Umstände und die Tätigkeiten der Mitmenschen interpretieren. Mit anderen Worten: Wenn die persönliche Einstellung sinnvoll sein soll, muss sie berücksichtigen, wie die Mitmenschen darauf reagieren. Eine positive Einstellung ohne Interaktion ist sinnlos.

Steve und Gary mögen in ihrer technischen Kompetenz gleichwertig gewesen sein, aber die Einstellung zur Arbeit machte den Unterschied aus zwischen Garys Erfolg und Steves Versagen.

Viele Menschen wissen nicht genau, wie ihre Einstellung, mit der sie den verschiedenen Phasen und Konstellationen ihres Lebens begegnen, wirklich beschaffen ist. Sie sind so daran gewöhnt, immer wieder dasselbe Verhaltensmuster an den Tag zu legen, dass ihnen die wesentlichen Ursachen ihres Erfolgs oder Versagens verborgen bleiben.

Im Rahmen dieses Buches werden Sie ein tieferes Verständnis für jene Wirkungen entwickeln, die Ihre Einstellung hervorruft. Dadurch werden Sie deutlicher erkennen, inwieweit eine positive Einstellung nicht nur Ihre Leistung beeinflusst, sondern auch die Ergebnisse, die von den Menschen in Ihrer Umgebung erzielt werden. Warum ist das wichtig?

Drei Gründe: Erstens hat die Einstellung einen Einfluss darauf, wie Sie die Dinge sehen, was Sie sagen und was Sie tun; zweitens darauf, wie Sie sich fühlen, sowohl körperlich als auch geistig-seelisch; und drittens darauf, wie erfolgreich Sie bei der Erreichung Ihrer Ziele sind. Was könnte grundlegender sein?

Ihre Einstellung kommt von innen. Wenn Sie glauben, eine negative Einstellung in eine positive umwandeln zu können, haben Sie den ersten Schritt dazu bereits unternommen. Sie besitzen die Gabe, Ihre Gedanken zu kontrollieren. Die Welt lässt nur solche Menschen ihren Weg machen, die fest entschlossen sind, die sich lachend hinwegsetzen über Hindernisse, durch die manche behindert werden und an denen andere scheitern.

Eine positive Einstellung bildet man zuerst dadurch aus, dass man Vertrauen in sich selbst hat. Dieses Vertrauen fördert das Talent, verdoppelt die Energie, begünstigt das geistige Vermögen und trägt zur inneren Stärke bei. Die so ausgerichteten Gedanken werden Ihre Überzeugungskraft steigern, Ihren Entscheidungen mehr Gewicht verleihen und Ihr Selbstvertrauen noch vergrößern.

Durch die dauernde Bestätigung Ihrer Fähigkeit, erfolgreich zu sein, und Ihre Entschlossenheit, dementsprechend zu handeln, werden Sie Schwierigkeiten meistern, die gesteckten Ziele mit umso mehr Nachdruck erreichen und sich über Missgeschicke lustig machen. Infolgedessen werden Ihre natürlichen Gaben und Kräfte betont und stets in die richtigen Bahnen gelenkt.

Das heißt, Sie werden mutiger, und Mut ist die Grundlage des Selbstvertrauens. Aber das ist noch nicht alles. Wenn Leute wie Gary in angespannter Lage sagen: »Ich muss es tun«, »Ich kann es«, »Ich werde es tun«, bekräftigen sie damit nicht nur ihren Mut und ihr Selbstvertrauen, sondern schwächen auch die entgegengesetzten Eigenschaften. Was immer das Positive stärkt, mindert die Wirkung des entsprechenden Negativen.

Betrachten wir große Leistungen sowie jene Personen, die sie vollbringen, einmal genauer, so ist das hervorstechendste Merkmal eine positive Einstellung. Menschen mit der unerschütterlichen Überzeugung, dass sie ihr Projekt in Angriff nehmen und zu Ende führen werden, haben aller Wahrscheinlichkeit nach Erfolg damit, selbst wenn eine solche Einstellung den Außenstehenden gewagt oder gar tollkühn erscheint.

Die Einübung des positiven Denkens kommt den eigenen Fähigkeiten in hohem Maße zugute, und zwar aus zwei Gründen. Erstens legt es Talente frei, die vorher verborgen oder gleichsam unter Verschluss waren, und entfesselt dadurch bislang ungeahnte Kräfte; zweitens fokussiert es immer wieder die Gedanken, indem es Angst, Sorge und Unruhe – allesamt Feinde des Erfolgs – verringert. Es bringt den Geist in genau den Zustand, der Erfolg verspricht. Es schärft die Sinne und klärt so die Wahrnehmungen. Es stellt eine Quelle zur inneren Erneuerung dar. Es verändert den Blickwinkel in der Weise, dass man sich auf das Ziel konzentriert, auf Gewissheit, Selbstvertrauen und Zuversicht, statt auf Zweifel, Angst und Ungewissheit. Es hilft, aus den Ergebnissen der eigenen Bemühungen Kapital zu schlagen - statt zuzulassen, dass weitere Vorsichtsmaßnahmen oder Sorgen die künftigen Bemühungen zunichtemachen.

* * *

Roger Fritz, der Autor dieses Buches, ist Direktor der in Naperville, Illinois, ansässigen Organization Development Consultants. Er verfügt über eine mehr als vierzigjährige Berufserfahrung als Pädagoge (University of Wisconsin und University of Purdue), als Manager (Cummins Engine), als Geschäftsführer (John Deere), als Universitätspräsident (Willamette University) und als höchst erfolgreicher Unternehmensberater für AT&T, Brunswick, IBM, Caterpillar, State Farm Insurance, Motorola, Pizza Hut, Sara Lee sowie für über 350 weitere große und kleine Firmen und Organisationen in der ganzen Welt.

Dr. Fritz hat fünfzig Bücher verfasst sowie fünfundzwanzig Hörbücher und drei Trainingsserien auf Video herausgebracht. Sechs Unternehmen profitieren von seiner reichhaltigen Erfahrung als Mitglied des Verwaltungsrats. Seine Kolumnen in Wochenzeitschriften und Monatsmagazinen erreichen Millionen von Lesern und haben einen beständigen Einfluss darauf, wie die Amerikaner ihre Effektivität am Arbeitsplatz und außerhalb davon steigern. Seine Bücher werden in achtunddreißig Ländern und Sprachen veröffentlicht und verbreitet.

Genauso wie er zahllosen Kunden geholfen hat, negative Eigenschaften in den Griff zu bekommen und positive Einstellungen zu verstärken, werden seine Ideen und

Vorschläge auch Ihnen auf vielfache Weise und auf lange Zeit eine große Hilfe sein.

Die immer wieder bekräftigte positive Einstellung enthüllt verborgene Qualitäten und erschließt bisher ungenutzte Kraftquellen. Sie schafft jene Bedingungen, die notwendig sind, um von den eigenen Talenten den besten Gebrauch zu machen, ungewohnte Perspektiven zu eröffnen, voller Zuversicht Ziele zu setzen und den Widerwillen gegen die Erforschung des Neuen zu überwinden.

Denken Sie bei der Lektüre dieses Buches daran, wie jeder der hier untersuchten Grundsätze, sobald Sie ihn täglich anwenden, Ihr Privatleben ebenso günstig beeinflussen kann wie Ihre Karriere.

1

DIE EIGENE WELT INTERPRETIEREN

Jede Tatsache, mit der wir konfrontiert werden, ist weniger wichtig als die Einstellung, die wir dazu haben, denn gerade diese bestimmt über unseren Erfolg oder Misserfolg.

Norman Vincent Peale

Der erste Schritt zu einer positiven Einstellung besteht darin, dass man sich bewusst wird, was die gegenwärtige Einstellung kennzeichnet. Das ist nicht immer so einfach, wie es klingt; doch die Art und Weise, wie Sie auf verschiedene Situationen reagieren, kann vieles offenbaren über Ihre Grundhaltung. Um bei einer Unternehmung Erfolg zu haben, müssen Sie ihr jedenfalls mit einer positiven oder affirmativen Einstellung begegnen.

DER QUOTIENT DER POSITIVEN EINSTELLUNG

Um Ihren persönlichen QPE - den Quotienten der positiven Einstellung - zu ermitteln und herauszufinden, wie oft Sie diese zeigen, ordnen Sie den folgenden zehn Aussagesätzen die entsprechende Punktzahl zu: 1 - niemals; 2 - selten; 3 - manchmal, 4 - häufig; 5 - fast immer. Vergessen Sie nicht: Diese Methode dient dazu, Ihren QPE zu bestimmen, seien Sie also ehrlich gegen sich selbst. Nach Abschluss des Tests addieren Sie die Punkte, die Sie jeweils gegeben haben.

- Ich erhole mich schnell von Rückschlägen. ______
- Ich habe persönliche Ziele, die ich tatkräftig zu erreichen versuche. ______
- Ich bin mir der Fortschritte im Hinblick auf meine Ziele bewusst und veranlasse die dafür notwendigen Änderungen. ______
- Ich überlege mir in aller Ruhe, ob mir die neuen Leute, die ich treffe, wirklich sympathisch sind oder nicht. ______
- Ich bekomme viele gute Ideen von anderen Menschen. ______
- Ich finde heraus, was ich wissen muss, ohne große Hilfe von außen zu benötigen. ______
- Ich muss nicht daran erinnert werden, das zu tun, was ich mir vorgenommen habe. ______
- Ich kann schnell feststellen, ob jemand ein Pessimist ist. ______

- Ich lausche gerne den Erklärungen anderer Leute, selbst wenn ich sie persönlich nicht mag. ______
- Ich habe Geduld mit Menschen, die meine Meinung nicht teilen. ______

Summe: ______

Erörtern wir nun, was Ihre Gesamtpunktzahl im Einzelnen bedeutet.

- Wenn Sie 40 Punkte oder mehr erzielt haben, verfügen Sie über eine starke positive Einstellung. Sie verleiht Ihnen Glaubwürdigkeit als Führungskraft und Anpassungsfähigkeit als Mitarbeiter.
- Wenn Ihre Punktzahl zwischen 30 und 40 liegt, haben Sie eine normale positive Einstellung. Sie leistet Ihnen gute Dienste und übt einen günstigen Einfluss auf andere aus.
- Wenn Sie 20 bis 30 Punkte aufweisen, ist Ihre Einstellung nicht voraussagbar; sie ruft sowohl in Ihren häuslichen als auch in Ihren beruflichen Beziehungen Verwirrung und Ungewissheit hervor.
- Wenn Sie auf weniger als 20 Punkte kommen, haben Sie eine negative Einstellung, die das Vertrauen in Ihre Beziehungen und in Ihre Arbeit untergräbt.

Anhand der obigen Skala können Sie leichter ergründen, in welchen Bereichen Sie tätig werden müssen, um Ihre positive Einstellung zu stärken und Ihren Einflussbereich zu vergrößern.

BEWERTEN SIE IHRE EINSTELLUNG ZU SICH SELBST

Wenn Sie körperlich wohlauf sind, hängt Ihre Lebensqualität hauptsächlich von Ihrer Einstellung ab. Daher muss man in Betracht ziehen, dass diese Einstellung sowohl nach innen - auf Sie selbst - als auch nach außen - auf andere Menschen - zurückwirkt.

Stellen Sie sich die folgenden Fragen, um zu ermitteln, ob Sie gewöhnlich eine positive Einstellung gegenüber sich selbst haben. Antworten Sie mit Ja/Nein/Weiß nicht.

1. Sind Sie jemand, der Lektionen gerne lernt, oder jemand, der diese eher zurückweist? Erkennen Sie normalerweise bereitwillig an, dass niemand auf alles eine Antwort hat, und setzen Ihre Bemühungen unverdrossen fort?

2. Geben Sie bei der Arbeit Ihr Bestes? Dies würde sich zum Beispiel darin ausdrücken, dass Sie bestrebt sind, Vorschläge zu unterbreiten, wie man es noch besser machen kann.

3. Spiegelt sich in Ihren Worten und Taten häufig ein Zustand freudiger Erregung wider? Was ist davon in Ihren Berichten, Dokumenten und Akten zu finden? Was meinen Ihre Freunde dazu?

4. Sind Sie bereit, sich weiterzuentwickeln? Glauben Sie, dass es in Ihrer Verantwortung liegt, Vorbereitungen für das eigene Weiterkommen zu treffen - oder warten Sie lieber, dass jemand anders Ihnen sagt, was zu tun ist?

5. Begrüßen Sie Veränderungen? Sind Sie ein Mensch, der experimentiert, Dinge ausprobiert und im Allgemeinen empfänglich ist für Anregungen und Hinweise?

6. Und zuletzt, aber keineswegs weniger bedeutsam: Pflegen Sie Ihren Sinn für Humor? Nehmen Sie sich ernster als irgendjemanden sonst? Bereitet Ihnen die berufliche Arbeit ein gewisses Maß an Freude? Oder macht sie Ihnen sogar richtig Spaß?

BEWERTEN SIE IHRE EINSTELLUNG ZU ANDEREN MENSCHEN

Die Einstellung ist eine kleine Sache,
die viel ausmacht.

Winston Churchill

- Haben Sie durchweg eine positive Einstellung zu anderen Menschen? Anhand der nachstehenden Fragen können Sie das überprüfen.

- *Sind Sie an den Menschen* aufrichtig *interessiert?* Sprechen Sie mit ihnen über ihre Bedürfnisse und Probleme? Aufrichtigkeit lässt sich nicht vortäuschen.

- *Beachten Sie die Standpunkte der anderen?* Wie sie sich fühlen, warum sie sich so fühlen, weshalb sie in dieser bestimmten Weise denken und handeln?

- *Sind Sie fähig zur Zusammenarbeit, um gemeinsame Ziele zu erreichen?* Verfügen Sie also über einen ausgeprägten Teamgeist?

DIE EINSTELLUNG HAT ENTWEDER POSITIVE ODER NEGATIVE RÜCKWIRKUNGEN

Die Einstellung beeinflusst jeden Aspekt Ihres Lebens und Ihrer Arbeit. Das zeigt sich zum Beispiel daran, inwieweit Sie am Arbeitsplatz eine Atmosphäre schaffen, die von Sicherheit und Vertrauen zeugt. Eine negative Einstellung kann folgende Konsequenzen haben:

- *Gleichgültigkeit*: »Das alles ist im Grunde völlig belanglos.«

- *Ignoranz*: »Ich hatte ja keine Ahnung, dass es zur Explosion kommen würde.«

- *Fatalismus*: »Wenn's schiefgeht, geht's eben schief.«

- *Zynismus*: »All diese Werbemittel, diese Filme und Plakate sind doch bloß Kinderkram.«

- *Faulheit*: »Es ist zu mühsam, diesen Helm, diese Schutzbrille oder diese schützenden Schuhe zu tragen.«

- *Leichtsinn*: »Gefahr ist die Würze des Lebens.« Oder: »Ich bewege mich gern am Rand des Abgrunds.«

- *Übersteigertes Selbstvertrauen*: »Zwanzig Jahre lang bin ich kein einziges Mal verletzt worden; also wird mir wohl auch jetzt nichts zustoßen.«

Eine positive Einstellung dagegen hat folgende Wirkungen:

- *Vorausplanung*: »Es mag ein bisschen länger dauern, aber ich mache es lieber richtig und gehe auf Nummer sicher.«

- *Ermutigung der Mitarbeiter*: »Sie sollen sich über Ihre Ziele im Klaren sein, denn ich möchte, dass wir alle uns verbessern.«

- *Anerkennung, die man deutlich zum Ausdruck bringt*: »Ich danke Ihnen für diesen Vorschlag.«

- *Gründlichkeit*: »Ich will es gleich das erste Mal richtig machen, damit hier niemand verletzt wird.«

- *Gewissenhaftigkeit*: »Ich möchte das sofort reparieren, damit ich's nicht vergesse und keiner in Gefahr gerät.«

- *Wachsamkeit*: »Wenn ich mich jetzt konzentriere und vorsichtig zu Werke gehe, bedeutet das für alle Beteiligten mehr Sicherheit.«

Erfolg verlangt mehr als Talent und Wissen. Obwohl beide wesentliche Voraussetzungen bilden, ist es die Gemütsverfassung, die den Zugang zu ihnen eröffnet. Durch eine positive Einstellung werden Sie einfach zuverlässiger... Dann stellen Sie fest, dass Sie andere Menschen instinktiv respektieren und daher auch besonnener sind, rücksichtsvoller. Sie sind stolz auf die eigene Arbeit und zollen den Kollegen jene Anerkennung, die ihnen gebührt. Sie tragen so weit wie möglich dazu bei, dass sie ihre Aufgaben effizienter erledigen, und teilen ihre Begeisterung. Schon ein Lächeln wirkt ermunternd - es wird aufgenommen und Ihnen auf vielfache Weise zurückgegeben.

Seien Sie sich dessen bewusst, dass der Feind gewöhnlich im Innern sitzt, dass man also die Einstellung zuallererst bei sich selbst untersuchen sollte.

BESCHLIESSEN SIE, POSITIV ZU DENKEN

Alle Menschen können ihr Leben ändern,
indem sie ihre Einstellung ändern.

Andrew Carnegie

Lernen Sie, Gefallen zu finden an einfachen Dingen. Machen Sie aus Ihrer Situation das Beste. Niemand hat alles, und bei jedem ist die Freude mit etwas Traurigem vermischt. Das Kunststück besteht darin, dem Lachen mehr Bedeutung beizumessen als den Tränen. Versuchen Sie nicht, sämtliche Risiken zu vermeiden. Denken Sie nicht, dass Sie vor den Missgeschicken, die anderen zustoßen, irgendwie gefeit sein sollten. Das ist eher unwahrscheinlich, und sobald es Ihnen dämmert, werden Sie nur enttäuscht sein. Die Zukunft ist immer ungewiss.

Sie können nicht jeden Menschen zufriedenstellen. Lassen Sie sich von Kritik nicht übermäßig beeinflussen. Gestatten Sie nicht, dass Ihre Entscheidungen von den Nachbarn oder infolge der »üblichen Ansichten« getroffen werden. Seien Sie schlicht und ergreifend Sie selbst. Das zahlt sich auf Dauer mehr aus. Tun Sie genau das, was Ihnen Freude bereitet. Handeln Sie sich keinen unnötigen Ärger ein. Einbildungen sind oft schwerer zu ertragen als die Wirklichkeit.

»Der Hass vergiftet die Seele«, schrieb Robert Louis Stevenson, also beneiden Sie andere Leute nicht um ihren Besitz. Hegen Sie keinen Groll. Gehen Sie denen aus dem Weg, die Sie unglücklich machen. Verfolgen Sie unterschiedliche Interessen. Wenn Sie nicht reisen können, so sammeln Sie Informationen über ferne, unbekannte Orte. Bedauern Sie nicht, wo Sie noch nicht gewesen sind, was Sie zu tun versäumt haben. Verlieren Sie sich nicht in nachträglichen Analysen. Grübeln Sie nicht ständig über Kümmernisse und Fehler.

Seien Sie nicht jemand, der über keine Enttäuschung, keinen Verlust hinwegkommt. Halten Sie einmal inne und denken Sie an solche Personen in Ihrem Umkreis, die in der Vergangenheit leben oder voller Ressentiments sind. Fragen Sie sich, ob deren Einstellung positiv oder negativ ist – und ob Sie so sein möchten wie sie.

Tun Sie für diejenigen, die weniger Glück haben als Sie, was in Ihrer Macht steht. Und vor allem: Beschäftigen Sie sich intensiv mit etwas – oder mit mehreren Sachen; ein eifriger Mensch hat keine Zeit, unglücklich zu sein.

Wenn Sie an den Punkt kommen, wo die momentane Lage zahlreiche Selbstzweifel hervorruft, so erinnern Sie sich daran, dass das Leben eine Reise ist und kein Endziel. Wir sind ständig im Begriff, zu irgendwelchen Schlüssen zu kommen, eben weil wir dauernd mit Veränderung, Angst, Versagen oder gar Erfolg zu kämpfen haben. Ja, auch der Erfolg kann Probleme verursachen, und wir werden einige davon erörtern. Immer wieder sind Anpassungen notwendig.

Erfahrungen, die man zum ersten Mal macht, sind oft riskant. Man muss sich den neuen Umständen anpassen, sich vielleicht auf andere Leute einstellen und entscheiden, inwieweit man seine Gefühle zum Ausdruck bringt, gerade am Arbeitsplatz. Man mag sich darüber den Kopf zerbrechen, ob man in einen Trott verfallen ist und - wenn das zutrifft - wodurch er zu überwinden wäre. Geht es darum, mit ungewohnten Erfahrungen fertig zu werden, sind ein positives Selbstbild sowie eine positive Einstellung von unschätzbarem Wert.

Es gibt deutliche Beweise dafür, wie sehr das Selbstbild auf die Ergebnisse abfärbt. Die Art und Weise, wie man sich selbst sieht, beeinflusst die persönliche Einstellung, die wiederum die eigenen Handlungen prägt, welche ihrerseits über die erzielten Leistungen bestimmen.

Man gewinnt also Selbstvertrauen, verschafft sich Respekt und bewirkt Veränderungen mitsamt besseren Resultaten, indem man ein positives Selbstbild entwickelt und bewahrt. Doch die traurige Nachricht lautet, dass die meisten von uns oft deshalb versagen, weil sie nicht jeden Tag das Notwendige tun, um dieses Selbstbild aufrechtzuerhalten. Dahinter verbirgt sich das Problem, dass wir uns treiben lassen und reagieren, statt beherzt zur Tat zu schreiten. Man stelle sich das so vor, als würde man Getreide anpflanzen. Will man eine bessere Ernte in Form von Selbstachtung, Selbstvertrauen und günstigen Gelegenheiten einfahren, muss man sich ändern, unter Kontrolle bekommen, was man tun kann, und nicht mehr darüber besorgt sein, was man nicht tun kann. Ein Landwirt grübelt nicht ständig über das Wetter nach.

Wir haben etwas Besseres verdient, als Zeit und Energie damit zu vergeuden, dass wir andere für unser Pech verantwortlich machen, dem Selbstmitleid frönen, nach Rache dürsten oder uns auf frühere Fehler konzentrieren. Zwar müssen wir unsere Zweifel und Ängste verstehen lernen; doch die Veränderung erfolgt nicht einfach durch Analyse, sondern allein durch Aktion. Das ist niemals leicht und erfordert sowohl Entschlossenheit als auch Disziplin.

ÄNDERN SIE IHR SELBSTGEFÜHL

Die einzige Behinderung im Leben
ist eine schlechte Einstellung.

Scott Hamilton

Sie sind sehr wohl in der Lage, Ihr Selbstgefühl zu ändern. Folgende Hinweise werden Ihnen dabei helfen:

1. *Entledigen Sie sich Ihrer negativen Vergangenheit*. Listen Sie Ihre nicht erfüllten Verpflichtungen auf – sowie Ihre früheren Fehler, Misserfolge und Verlegenheiten. Verbrennen Sie dann dieses Blatt Papier.

Beobachten Sie, wie es zu Asche wird, und sagen Sie mit erhobener Stimme: »Das war das letzte Mal, dass ich mich durch euch habe kleinkriegen lassen. Ich habe Wichtigeres zu tun.« Ihre Taten verstärken immer Ihre vorherrschenden Gedanken. Lernen Sie aus Ihren begangenen Irrtümern und machen Sie sich frei davon. Schütteln Sie sie ab. Es gibt in dieser Welt genügend Affen, die nur warten, sich an Ihrer statt darauf zu stürzen.

2. *Beurteilen Sie Ihre Eigenschaften*. Listen Sie Ihre Vorzüge, Fähigkeiten und Leistungen auf. Ein realistisches Resümee ist ein guter Anfang. Bitten Sie Ihre Freunde um Hilfe. Lesen Sie die notierten Punkte drei Mal täglich laut vor, und zwar über einen Zeitraum von drei Wochen; hinterher tun Sie das jeden Morgen beim Aufstehen. Ihre Taten verstärken Ihre vorherrschenden Gedanken. Wenn Sie sich in der Vergangenheit je wertvoll, achtbar oder wohl gefühlt haben, so können Sie genau diese Empfindungen wiedererwecken. Sie haben viele Jahre damit verbracht, sich von anderen gleichsam programmieren zu lassen. Jetzt bestimmen Sie, was geschehen soll.

3. *Wählen Sie einen positiven Input aus*. Lesen oder hören Sie jeden Tag etwas, das Sie motiviert oder inspiriert. Positive Vorstellungen brauchen positive Beispiele. Außerdem sind Sie auf die Erfahrungen anderer Menschen angewiesen. Deren Untersuchungen, Methoden und Ergebnisse können Ihren Lernprozess um Jahre verkürzen und Sie vor schmerzlichen Versuchen und Irrtümern bewahren.

4. *Halten Sie Ihre speziellen Ziele schriftlich fest.* Dadurch wird Ihre angeborene, spontane Zielstrebigkeit aktiviert. Sogar im Schlaf hilft Ihnen das Unterbewusstsein dabei, Hindernisse und Niederlagen zu überwinden. Sobald Sie dann Ihre Ziele erreichen, stärkt der schriftliche Beweis Sie als eine achtbare, leistungsfähige Person und sät die Samen für ein positives Selbstbild.

5. *Übernehmen Sie die Verantwortung für Ihre emotionale Umgebung.* Es ist schwierig, wie ein Adler in die Lüfte zu steigen, wenn Sie von zahlreichen Truthähnen umgeben sind. Das Gesetz der emotionalen Schwerkraft entfaltet eine mächtige Wirkung. Anders ausgedrückt: Sie werden so wie die Menschen, mit denen Sie sich verbinden.

Diese ersten, aufbauenden Schritte zu einem nachhaltigen Selbstbild mögen allzu vereinfacht erscheinen, aber sie gründen auf soliden Forschungen und Ergebnissen und bilden die Voraussetzung für ein starkes Selbstwertgefühl. Wenn Sie an Ihre Fähigkeiten und Werte glauben, diese fördern und Verantwortung dafür übernehmen, ein ebenso verdienstvoller wie schöpferischer Erfolgstyp zu sein, dann - und nur dann - üben Sie auch einen positiven Einfluss auf andere Menschen aus.

ARBEITEN SIE SICH HOCH

Wer es immer wieder versucht,
kann immer besser werden.

Es ist töricht, zu erwarten, dass dauerhafter Erfolg sich rasch einstellt. Meistens setzt er voraus, dass man unten an der Leiter anfängt und sich Sprosse um Sprosse hocharbeitet. Der große Baseballspieler Eddie Matthews ist dafür ein gutes Beispiel.

Nachdem er in Santa Barbara, Kalifornien, die Highschool abgeschlossen hatte, erhielt der siebzehnjährige Matthews zwei Angebote, Baseball als Profi auszuüben. Das eine kam von den Brooklyn Dodgers und garantierte ihm bei Vertragsabschluss eine Prämie von 60 000 Dollar. Das andere kam von den Boston Braves (den heutigen Atlanta Braves) und beinhaltete eine Prämie von 4000 Dollar.

Matthews erwog sorgsam beide Alternativen. Wenn er sich den Dodgers anschlösse, würde er mehr Geld verdienen und sofort auf der Namensliste eines erstklassigen Baseballteams stehen. Wenn er dagegen zu den Braves ginge, würde er weniger Geld bekommen und in einem ihrer Teams der unteren Spielklasse anfangen. Er wusste, dass er noch viel lernen musste und dass der Start in der unteren Liga ihm die beste Möglichkeit bieten würde, Erfahrungen zu sammeln. Deshalb akzeptierte er den Vertrag der Braves, und genau das war eine kluge Entscheidung.

So spielte Matthews neben vielen früheren Stars aus der obersten Spielklasse, deren Karriere sich langsam dem Ende zuneigte. Indem er mit ihnen auf dem Spielfeld und außerhalb davon zusammentraf, begriff er allmählich, was wesentlich zum Erfolg gehört: hartes, tägliches Training, Bescheidenheit und jede Art von Anstrengung, die für den Sieg notwendig ist.

Während seiner Laufbahn schaffte er 512 Homeruns und erreichte damit die gleiche Zahl wie Ernie Banks, der Dreizehnte auf der Liste der meisten Homeruns aller Zeiten. Matthews gelangen jeweils dreißig oder mehr Homeruns in neun aufeinanderfolgenden Spielzeiten (ein Rekord), *vier Mal* vierzig oder mehr Homeruns in zehn Spielen der Starteams - und 1978 wurde er in die National Baseball Hall of Fame aufgenommen.

Wissenschaftliche Untersuchungen bestätigen Matthews' Entscheidung. Eine kürzlich an der University of Minnesota durchgeführte Studie kam zu dem Ergebnis, dass junge Menschen, die als Teenager einer Teilzeitarbeit nachgehen, im späteren Berufsleben davon profitieren. Die Gründe dafür liegen in solchen Lektionen, die das Zeitmanagement betreffen, das Wirtschaften, die Fähigkeiten im zwischenmenschlichen Umgang sowie die Bewältigung von Arbeitsstress.

Welchen Schluss können wir daraus ziehen? Dass diejenigen, die von früh an lernen, mehr Stehvermögen haben als andere, die alles überstürzen und sich daher erst viel später qualifizieren.

LERNEN SIE AUS IHREN FEHLERN

Viele Leute denken, Richard Wagner sei deshalb ein weltberühmter Komponist geworden, weil er sehr begabt war. Er hatte gewiss eine Vorliebe für Theater, Kunst und Musik, stand aber ungern auf der Bühne, konnte lediglich Strichmännchen zeichnen und lernte das Klavierspiel nur langsam. Doch sein Mangel an Talent wurde durch eine große Entschlossenheit wettgemacht.

Als er im Alter von fünfzehn Jahren davon träumte, Komponist zu werden, ging er in die Bibliothek, las ein Buch über Kompositionstechniken und prägte sich diese ein. Um sein Gehör zu schulen, bat er einen Violinisten vom Leipziger Orchester, ihn über Saiten und Tasten zu unterrichten, und erlernte die Technik jedes Orchesterinstruments mit Ausnahme der Harfe. Er studierte die Werke erfolgreicher Komponisten wie etwa Beethoven, um zu verstehen, wie man einen Ton erfasst und zum Klingen bringt.

Und trotzdem waren Wagners frühe Kompositionen schauderhaft. Sein erstes Publikum konnte gar nicht mehr aufhören zu lachen. Völlig verlegen schlich sich der Siebzehnjährige aus dem Theater. Um herauszufinden, was er falsch gemacht hatte, suchte Wagner den Rat eines örtlichen Kirchenmusikers. Der empfahl ihm, zunächst ein tieferes Verständnis der musikalischen Grundlagen zu erlangen, ehe er sich an etwas Neues heranwage. Also begann er, die Partituren von Bach und Mozart Takt für Takt durchzuarbeiten, bis er schließlich eine lyrische Phrase entwerfen konnte.

Als er eine zweite Chance erhielt, mochte das Publikum sein Werk, und die Karriere nahm ihren Lauf. Eines Tages saß Wagner nach dem Mittagessen am Klavier, um zu komponieren - offen für jede Art von Idee. Im Stockwerk darunter hämmerte jemand auf eine Blechplatte. Statt seine Arbeit zu beenden oder wegzugehen, konzentrierte er sich auf das Geräusch und fing an, dieses heftige Dröhnen in die Musik mit einzuarbeiten. Und so wurde es zum Bestandteil einer wichtigen Szene in seiner berühmten Oper *Siegfried*.

Philip Knight, der Gründer von Nike, ist davon überzeugt, dass seine Bemühung, das Unternehmen aufzubauen, weitaus lohnender war, als es jeden Tag zu leiten, weshalb er diese Aufgabe dann jemand anderem übertrug. Bill Gates und Donald Dell haben das Gleiche getan. Steve Jobs harrte bei Apple zu lange aus und wurde schließlich von den Aktionären vertrieben. Später jedoch kehrte er zurück, um die Firma auf neue Höhen zu führen, was ihm auch gelang ...

SUCHEN SIE NACH EINER BESSEREN LÖSUNG

Wenn Sie die richtige Einstellung haben, können Sie große Erfolge erringen, selbst wenn Hindernisse und Missgeschicke Ihnen zu schaffen machen.

Chester Carlson benutzte den durch eine Arthritis in den Händen hervorgerufenen Schmerz als Ansporn, um ein Gerät zu entwickeln, das vom Magazin *Fortune* einst als »erfolgreichstes Produkt in der Geschichte« bezeichnet wurde.

Chester trug schon in jungem Alter ein hohes Maß an Verantwortung. Mit vierzehn Jahren musste er arbeiten gehen, um seine invaliden Eltern zu unterstützen. Seine Mutter starb, als er siebzehn war, und sein Vater, als er vierundzwanzig war. Gerade diese frühen Rückschläge verliehen ihm jedoch umso mehr Entschlusskraft. Er studierte am California Institute of Technology, erwarb ein Diplom in Physik, wurde dann aber von zweiundachtzig Firmen abgewiesen, ehe Bell Labs in New York ihn einstellte. Nach der Entlassung im Jahre 1933 begann er schon bald damit, in der Küche seiner kleinen Wohnung die eigenen Ideen näher zu erforschen und in der Praxis zu erproben.

1934 bestand Carlsons Aufgabe darin, technische Zeichnungen zu kopieren. Mit jedem Tag verschlimmerte sich der Schmerz in den Händen, und so arbeitete er fieberhaft daran, Kohlepapier und Vervielfältigungsapparat zu ersetzen.

Im Oktober 1938 schließlich entwickelten Carlson und sein Mitarbeiter Otto Kornei den ersten Bürokopierer. Diese Erfindung wurde von zwanzig Unternehmen - darunter General Electric, RCA und IBM - abgelehnt und erst 1946 von Haloid erworben, jener Firma, die 1958 ihrem Namen »Xerox« hinzufügte.

Hoffnung und Wunsch reichen nie aus.
Veränderung und Verbesserung treten nur dann ein,
wenn Entschlossenheit zur Tat führt.

2

WIE DIE PERSÖNLICHE EINSTELLUNG DIE ERGEBNISSE BEEINFLUSST

Ich sage nicht, dass eine positive Einstellung Sie erfolgreich machen kann. Ich sage, dass eine positive Einstellung Sie erfolgreich machen wird.

Norman Vincent Peale

Niemand, wirklich niemand ist für Ihre Befriedigung, Ihr Glück, Ihre Entwicklungen und Fortschritte im Beruf wichtiger als Ihr Chef. Einige Menschen sind in der günstigen Lage, einen Vorgesetzten zu haben, der ein guter Leiter, Lehrer und Ratgeber ist, während andere für jemanden arbeiten, der das genaue Gegenteil verkörpert.

Ungeachtet dessen, wen das Schicksal Ihnen als Chef zugedacht hat, können Sie das Beste aus der Situation machen, indem Sie seine Ziele, seinen Führungsstil, seine Arbeitsgewohnheiten näher untersuchen und Ihre Handlungsweisen entsprechend darauf abstimmen.

Linda erfuhr bei ihrer Arbeit in der Einkaufsabteilung sehr bald, dass Carol, die Chefin, zu jenen Menschen gehörte, die ihre Aufgaben mit größter Sorgfalt erledigen und von den Mitarbeitern die gleiche Einstellung erwarten. Sie beobachtete, dass Carol stets zehn Minuten vor Dienstbeginn da war, ihre Arbeit gewissenhaft plante, und dass bei ihr alles an seinem Platz war. Lindas ehemaliger Chef hingegen war lässiger gewesen, und ihre Arbeitsgewohnheiten hatten diese Haltung widergespiegelt. Also beschloss sie, ihre Arbeitsweise zu ändern. Sie kam ein wenig früher ins Büro als ihre Chefin, stellte auf ihrem Schreibtisch eine mustergültige Ordnung her und kleidete sich sogar konservativer. Das schuf sofort die Voraussetzungen für ein fruchtbares Verhältnis zu Carol und führte zu einer langen, höchst erfreulichen Beschäftigung.

WAS SIE IM UMGANG MIT IHREM CHEF TUN BEZIEHUNGSWEISE UNTERLASSEN SOLLTEN

Es folgen einige wesentliche Leitlinien, die dazu beitragen, im Umgang mit Ihrem Vorgesetzten die richtigen Strategien zu entwickeln.

WAS ZU TUN IST

- Beobachten Sie genau jene Personen, die mit Ihrem Chef gut auskommen. Schließlich haben sie gelernt, wie man das macht. Versuchen Sie, von ihnen zu lernen und ihrem Beispiel zu folgen.

- Ziehen Sie in Betracht, dass Sie selbst zumindest teilweise für das gestörte Verhältnis zu Ihrem Vorgesetzten verantwortlich sein mögen. Vergessen Sie nicht: Es braucht zwei, um Tango zu tanzen. Obwohl Sie diesen Menschen nicht ändern können, sind Sie doch imstande, das eigene Verhalten zu ändern. Übernehmen Sie also die Verantwortung und ergreifen Sie die notwendigen Maßnahmen, damit eine Änderung zum Besseren eintritt.

- Versuchen Sie, Ihrem Chef die Arbeit zu erleichtern, indem Sie ihm anbieten, verantwortungsvoll jene Aufgaben zu übernehmen, die er vielleicht nur ungern erledigt.

- Achten Sie stets auf die Stimmungsumschwünge Ihres Vorgesetzten. Stellen Sie fest, zu welchen Tageszeiten und an welchen Wochentagen er in einer besonders empfänglichen Gemütsverfassung ist.

- Teilen Sie Ihrem Chef mit, wie Sie sich von ihm behandelt fühlen. Verbergen Sie nicht Ihre Empfindungen. Warten Sie, bis er sich nach einer Aufregung beruhigt hat, und sprechen Sie dann über Ihren inneren Zustand - völlig gelassen und natürlich unter vier Augen.

- Nehmen Sie Ihre Fortschritte genau wahr. Wenn Sie nicht den gewünschten Erfolg erzielen, so bewerten Sie erneut die Art und Weise, wie Sie mit Ihrem Vorgesetzten umgehen. Schlagen Sie gegebenenfalls eine andere Richtung ein. Haben Sie Geduld. Erwarten Sie nicht alles auf einmal.

WAS ZU UNTERLASSEN IST

- Ziehen Sie nicht die Autorität Ihres Vorgesetzten in Zweifel, selbst wenn Sie mit seinem Urteil oder seiner Entscheidung in einer bestimmten Situation nicht einverstanden sind.

- Betrachten Sie Kritik nicht als einen Angriff gegen Ihre Person. Auch wenn Ihr Boss Ihnen heftig widerspricht, können Sie unterscheiden zwischen Ihrer Arbeit, die erträglich sein mag, und ihm, der vielleicht unerträglich ist.

- Bringen Sie sich nicht in eine Lage, in der Sie kritisiert werden können, weil Sie die Zustimmung des Chefs suchen, obwohl diese gar nicht nötig ist. Erledigen Sie einige Angelegenheiten und berichten Sie ihm darüber ... später.

- Lästern Sie nicht über Ihren Vorgesetzten, indem Sie hinter seinem Rücken Klatschgeschichten zum Besten geben. Seien Sie loyal!

- Setzen Sie sich nicht über Ihren Chef hinweg, außer in absolut heiklen Momenten, Notfällen oder Krisensituationen. Die Verletzung der betrieblichen Rangordnung verursacht fast immer noch mehr Probleme, ohne dass die bereits vorhandenen gelöst würden.

- Und vor allem: Verlieren Sie nicht Ihre Selbstachtung. Falls Ihre Strategien versagt haben und eine Versetzung unmöglich ist, dann unternehmen Sie die notwendigen Schritte, um Ihre Selbstachtung zu bewahren - selbst wenn das bedeutet, eine andere Stelle unter einem neuen Chef ausfindig zu machen.

Das abschließende Urteil über einen Menschen darf sich nicht auf Worte oder Absichten gründen, sondern muss mit Tatsachen und Ergebnissen übereinstimmen.

STELLEN SIE FEST, WER VERANTWORTUNGSBEWUSST UND ZUVERLÄSSIG IST

Die meisten geschäftlichen Misserfolge gehen nicht auf Geldmangel zurück, sondern auf die zu späte Einsicht, dass die falschen Leute am Werk waren. Betrachten Sie also genau die Menschen in Ihrer Umgebung - Ihren Chef, Ihre Kollegen, Ihre Untergebenen -, um herauszufinden, ob sie Ihre Position stärken oder schwächen.

DAS PROFIL DER AM WENIGSTEN NÜTZLICHEN MITARBEITER

Ich habe das folgende Profil entwickelt, um jene Personen zu identifizieren, die ein solches Verhalten an den Tag legen, dass sie wahrscheinlich scheitern werden. Zu meiner großen Freude kennzeichnet dieses Profil zugleich jene Mitarbeiter, die - durch ihr gegenteiliges Verhalten - aller Voraussicht nach Erfolg haben werden und mit denen Sie sich gern umgeben. Diese äußerst zweckdienliche Checkliste ist ganz leicht zu handhaben. Zu jedem Punkt gibt es nur zwei Bemerkungen: schuldig oder nicht schuldig.

Bewerten Sie zunächst sich selbst.

	Schuldig	Nicht schuldig
1. Weicht ständig den Problemen und Beschwerden aus – in der Hoffnung, dass jemand anders sich darum kümmert.	______	______
2. Vermeidet es, Kollegen an Disziplin zu gewöhnen.	______	______
3. Macht die anderen verantwortlich, wenn etwas schiefgeht.	______	______
4. Lässt zu, dass falsche Behauptungen unwidersprochen bleiben.	______	______
5. Schert sich nicht darum, dass er zu spät zur Arbeit oder zu Sitzungen kommt.	______	______
6. Schiebt die Vollendung von Projekten so lange wie möglich auf.	______	______

	Schuldig	Nicht schuldig
7. Vermeidet es, Missverständnisse zu klären, und übt dann später Kritik.	______	______
8. Meldet sich nie freiwillig für eine Aufgabe, wenn er sich seines Erfolgs nicht absolut sicher ist.	______	______
9. Schert sich nicht um Abgabetermine.	______	______
10. Greift immer nur auf dieselben Informationsquellen zurück und gründet seine Entscheidungen eher auf Meinungen als auf Tatsachen.	______	______
11. Will sich so wenig wie möglich festlegen.	______	______
12. Bestraft tüchtige Kollegen, wenn sie mit ihm nicht übereinstimmen.	______	______
13. Betrachtet das Delegieren von Aufgaben als Gelegenheit, unangenehme Arbeiten loszuwerden – statt die Produktivität zu steigern.	______	______

	Schuldig	Nicht schuldig
14. Beschäftigt sich ausschließlich mit laufenden Projekten und fühlt sich unwohl, wenn es um Planungen für die Zukunft geht.	______	______
15. Überlässt die Rekrutierung und Auswahl neuer Mitarbeiter jemand anderem.	______	______
16. Neigt dazu, Kollegen öffentlich zu kritisieren statt unter vier Augen.	______	______
17. Ist isoliert, ohne Kontakt zu den Kunden.	______	______
18. Redet ständig darüber, wie sehr andere von ihm abhängen.	______	______
19. Bemüht sich nicht darum, die für eine Beförderung geeigneten Personen zu unterstützen.	______	______
20. Fühlt sich unwohl, wenn er auf die Einfälle und Lösungen von Mitarbeitern angewiesen ist.	______	______

	Schuldig	Nicht schuldig
21. Konzentriert sich eher auf seine bevorzugten Aufgaben als auf die obersten Prioritäten.	______	______
22. Beglückwünscht andere nur selten zu ihrer guten Arbeit.	______	______
23. Spielt die Kompetenz anderer Leute herunter.	______	______
24. Geht so wenig wie möglich Risiken ein.	______	______
25. Wartet so lange wie möglich damit, schlechte Nachrichten zu überbringen.	______	______
26. Beschränkt seinen Einsatz auf die Bürostunden; nimmt nur selten Arbeit mit nach Hause.	______	______
27. Nimmt nicht an Kursen oder Programmen teil, die dazu beitragen, die eigene Leistungsfähigkeit zu erhöhen.	______	______
28. Schließt sich häufig Gesprächen an, in denen »die gute alte Zeit« beschworen wird.	______	______

	Schuldig	Nicht schuldig
29. Redet viel darüber, wie schwierig es sei, seine Tätigkeit objektiv zu bewerten.	______	______
30. Lässt talentierte Leute nicht zum Zug kommen, um so die eigene Karriere zu fördern.	______	______

Analysieren Sie nun die Ergebnisse, zu denen Sie gekommen sind.

- *0–4 Schuldsprüche*: Das ist eine verantwortungsbewusste und zuverlässige Person, die Sie dringend brauchen. Lassen Sie sie auf keinen Fall ziehen!
- *5–10 Schuldsprüche*: Durch richtige Anleitung und Führung wird sich diese Person wahrscheinlich für höhere Aufgaben qualifizieren. Seien Sie bereit, ihr als Ratgeber zur Seite zu stehen.
- *11–20 Schuldsprüche*: Diese Person schwächt Ihre Position und macht Ihnen jeden Tag umso mehr zu schaffen. Behalten Sie sie genau im Auge!
- *Mehr als 20 Schuldsprüche*: Diese Person wird Sie wahrscheinlich ernsthaft behindern. Wenn Sie ihr Vorgesetzter sind, sollten Sie Buch führen über die betreffenden Problembereiche und darüber dann mit einem Freund in der Personalabteilung sprechen.

Wenn Sie ihr Mitarbeiter sind, sollten Sie so weit wie möglich auf Abstand gehen. Und wenn sie Ihr Vorgesetzter ist, nun ja, dann bewahren Sie Ihre positive Einstellung und bleiben freundlich. Versuchen Sie, in eine andere Abteilung versetzt zu werden.

SICHERN SIE SICH GENAU DIE UNTERSTÜTZUNG, DIE SIE BRAUCHEN

Halten Sie sich von Leuten fern, die Ihre Ambitionen schmälern. Kleine Menschen tun das immer, aber die wirklich großen Menschen geben Ihnen das Gefühl, dass auch Sie groß werden können.

Mark Twain

Erfolgreiche Menschen räumen durchaus ein, dass sie in ihrer Abhängigkeit von der Leistung anderer verwundbar sind. Außerdem wissen sie, dass es ihnen nützt, wenn sie sich gezielt mit Leuten umgeben, die die eigenen Fähigkeiten verbessern - egal, ob es sich dabei um ihre Angestellten handelt, ihre Kollegen, Ratgeber oder Vorgesetzten.

Indem Sie das obige Profil heranziehen, können Sie lernen, heikle Situationen, die sich immer mehr verschlechtern, im Voraus zu vermeiden. Zudem hilft es Ihnen, das Potenzial derer zu erkennen, die

- *Erwartungen übertreffen*. Sie machen weiter, sobald sie das erreicht haben, was anderen vor ihnen schon gelungen ist.

- *Lösungen liefern, statt weitere Probleme zu verursachen.* Sie sagen nicht: »*Sie* haben da ein Problem«, sondern: »*Wir* haben da ein Problem. Lassen Sie mich sehen, ob ich Ihnen einige Hinweise geben kann, es zu lösen.«

- *sich nach Fehlern rasch wieder fangen.* Sie machen nicht andere für die eigenen Irrtümer verantwortlich. Nur selten sagen sie: »Ich habe getan, was Sie mir gesagt haben, und das war verkehrt.« Sie sind robust und finden immer wieder Mittel und Wege, anders zu verfahren als bisher.

- *keine Entschuldigungen vorbringen.* Wenn etwas schiefläuft, geben sie es zu und arbeiten an der Beseitigung des Problems.

- *keine Ermahnungen brauchen, um ihre Arbeit zu beenden.* Sie können sich bei langfristigen Aufgaben bestimmte Termine und Zwischenziele setzen, um dann vor der Deadline nicht in Panik zu geraten.

- *Verbesserungen erstreben, nicht Vollkommenheit.* Leute, die in allem perfekt sein wollen, neigen zur Frustration und setzen sich so unter Druck, dass sie nur selten schaffen, wozu sie eigentlich fähig sind.

- *vorausdenken.* Dadurch lassen sich unangenehme Überraschungen leichter vermeiden.

- *sich nicht ständig mit ihren Erfolgen befassen.* Sie haken vollbrachte Leistungen ebenso schnell ab wie begangene Fehler und fahren mit ihrer Arbeit fort.

- *nicht zu viele Aufgaben übernehmen.* Wenn sie im Zweifel sind, bitten sie um Klarstellung.

- *Vereinbarungen treffen und dann loslegen.* Sie warten nicht auf Befehle oder Anweisungen, um sicherzugehen, dass sie alles *genauso* machen wie vorher.

In jedem Unternehmen werden am meisten die Initiatoren und Mediatoren, die Lehrer und Ausbilder gebraucht. Wenn Sie solche Menschen, die sich in den oben aufgelisteten Bereichen als besonders tüchtig erweisen, finden, einstellen und behalten und versuchen, intensiver mit ihnen zusammenzuarbeiten, sind Ihre Erfolgschancen ausgezeichnet.

»WAS LÄUFT VERKEHRT?« STATT »WER HAT'S VERKEHRT GEMACHT?«

Eng verbunden mit der Diskussion darüber, verantwortungsbewusst Initiativen zu ergreifen und somit eine positive Einstellung zu bekunden, ist ein weiterer wesentlicher Aspekt, sich beharrlich darauf zu konzentrieren, *was* verkehrt läuft, statt darauf, *wer* etwas verkehrt gemacht hat. Wenn Sie das Augenmerk nur auf die Person richten, die im Irrtum ist, wollen Sie unbedingt jemanden finden, dem Sie die Schuld geben können. Diese Haltung strahlen Sie dann aus, und alle Menschen in Ihrer Nähe merken es, werden in die Defensive gehen und förmlich darauf warten, dass das nächste Missgeschick passiert.

EINSTELLUNG UND ERFOLG

Geschäftlicher Erfolg wird eher durch die geistige Einstellung als durch geistige Fähigkeiten hervorgerufen.

Sir Walter Scott

Leider übersehen wir die unmittelbare Beziehung zwischen Einstellung und Erfolg. Zumal wenn Sie Vorgesetzter oder Manager sind beziehungsweise irgendeine andere Führungsposition einnehmen, wird Ihr Erfolg zum großen Teil daran gemessen, inwieweit Ihre Einstellung die erzielten Resultate beeinflusst hat.

Hier sind einige Fragen, die Sie sich einmal stellen sollten.

- Welchen *konkreten* Anhaltspunkt gibt es, dass Sie den Erfolg der Menschen, die Ihnen Bericht erstatten, wirklich wünschen?

- Welches Anzeichen spricht dafür, dass Sie genügend Zeit mit ihnen verbringen, um Pläne zu entwerfen, vorauszudenken und die benötigten Mittel zu beschaffen?

- Was deutet darauf hin, dass Sie in einer Krise oder einem Notfall Ruhe bewahren, während andere sich irrational verhalten? Wenn Sie die Beherrschung verlieren oder einen Wutanfall bekommen, wird das einen Einfluss darauf haben, wie diese Menschen auf Sie reagieren.

- Woran lässt sich ablesen, dass Sie kalkulierte Risiken durchaus befürworten, aber den Überbringer schlechter Nachrichten nicht gleich verdammen? Falls Sie derlei im Schilde führen, wird es ziemlich schwierig sein, jemanden zu finden, der diese Aufgabe bereitwillig übernimmt.

- Was ist der Beweis dafür, dass Sie widersprechen können, ohne widerlich zu sein?

- Was lässt darauf schließen, dass Sie nicht mit Statussymbolen, Privilegien und Macht protzen, die vielleicht Angst, Absonderung und Argwohn hervorrufen?

- Wodurch kommt zum Ausdruck, dass Sie Ziele aushandeln und festlegen, die langfristig sind, zugleich aber auch realistisch und erreichbar? Können Sie verhandeln, statt dauernd zu befehlen? Sind Sie fähig, Mitarbeiter nicht nur zu leiten, sondern auch anzuleiten?

- Welcher Umstand belegt eindeutig, dass Sie nur selten überrascht sind und schnell herausfinden, was Sie wissen müssen? Es kommt nicht darauf an, in jeder Situation über alle notwendigen Kenntnisse zu verfügen; doch es ist äußerst wichtig, Überraschungen auf ein Mindestmaß zu reduzieren und sich darüber im Klaren zu sein, wo man einschlägige Informationen erhält.

- Wodurch steht zweifelsfrei fest, dass Sie Probleme vereinfachen können, statt sie noch mehr zu verkomplizieren? Werden Sie gewöhnlich verstanden? Wie oft kommen Leute zu Ihnen zurück und sagen: »Das habe ich nicht verstanden. Was haben Sie eigentlich gemeint?«

- Welche Ihrer Reaktionen gibt deutlich zu verstehen, dass Sie abweichende Meinungen unterstützen, um so zu einer besseren Entscheidung zu gelangen? Es heißt, dass Alfred Sloan, der legendäre Vorsitzende des Verwaltungsrats von General Motors, nach einem einstimmigen Beschluss zu sagen pflegte: »Ich fühle mich unwohl mit dieser Entscheidung. Wir werden die Sitzung vertagen und morgen früh erneut zusammentreffen. An dieser Sache muss mehr dran sein, als wir momentan sehen können.«

Wenn Sie auf diese Fragen keine klaren Antworten geben können, haben vielleicht auch jene Personen, die in der Lage sind, Ihre Karriere zu fördern, keine genauen Anhaltspunkte, inwieweit Ihre Einstellungen dem Unternehmen nützlich sind. Sorgen Sie also dafür, dass diese in Ihren Verhaltens- und Handlungsweisen jeden Tag deutlich zum Ausdruck kommen.

WIE MAN SEINE NEGATIVEN EINSTELLUNGEN ÜBERWINDET

Die größte Entdeckung meiner Generation besteht darin, dass ein Mensch sein Leben ändern kann, indem er seine Einstellungen ändert.

William James

Es gibt Phasen, in denen Sie einsehen müssen, dass Sie selbst das Problem sind. In diesem Fall werden Ihnen die folgenden Tipps hilfreich sein.

1. Setzen Sie sich mit Ihren negativen Einstellungen auseinander. Fragen Sie sich: »Wohin führt das, wenn ich so weitermache wie bisher?«

2. Lachen Sie. Zweifellos ist Lachen eine gute Medizin.

3. Akzeptieren Sie Rückschläge und Misserfolge als Teil des Lebens. Doch vergessen Sie nicht: Eine positive Einstellung kann dazu führen, dass Probleme schneller gelöst werden und weniger bedrohlich wirken.

4. Wenn Sie durcheinander sind, so reden Sie sich gut zu. Dies kann die Anspannung deutlich vermindern. Erübrigen Sie genügend Zeit, um loszulassen und abzuschalten. Nehmen Sie an einem stressigen Tag das Mittagessen außerhalb des Arbeitsplatzes ein, um die innere Batterie neu aufzuladen.

5. Führen Sie wohltuende Selbstgespräche, wenn Sie sich niedergeschlagen fühlen.

6. Untersuchen Sie Ihre Prioritäten und Ziele. Sind es wirklich Ihre - oder nur die Erwartungen anderer?

7. Vereinfachen Sie alles, was in Ihrer Macht steht.

8. Lassen Sie nicht zu, dass kleine Probleme immer größer werden.

9. Kümmern Sie sich mehr um Ihre Familie und Ihre Freunde. Unterhalten Sie enge Verbindungen mit Menschen, die gute Zeiten noch besser machen und schlechte Zeiten abmildern. Versuchen Sie, genauso viel geistige Kraft und Zeit dafür aufzuwenden, dass Ihre Beziehungen funktionieren, wie Sie in Ihre Arbeit investieren.

10. Sammeln Sie gemeinsam mit Ihren Kollegen spontane Einfälle, um günstige Alternativen zu erwägen. Welches Argument, welche Aktion könnte dazu dienen, eine geeignetere oder wirksamere Methode zu entwickeln?

Vieles von dem ist nicht leicht zu verwirklichen. Es ist keineswegs einfach, Irrtümer einzugestehen, sich zu entschuldigen, noch einmal von vorn zu beginnen, weitere Versuche zu unternehmen und Ratschläge zu befolgen. Es ist immer unangenehm, den Spott der anderen ertragen zu müssen. Und es ist gewiss schwierig, Fehler zu vermeiden, weil wir wissen, dass einige davon unvermeidlich sind.

Überraschenderweise ist es aber auch nicht einfach, den Erfolg auf Dauer zu gewährleisten. Zahlreichen Versuchungen kann man kaum widerstehen. Außerdem fällt es einem schwer, schlechte Gewohnheiten abzulegen, die ausgefahrenen Gleise zu verlassen, zu verzeihen und zu vergessen.

Darüber hinaus ist es nicht einfach, erst einmal gründlich nachzudenken und dann zu handeln. Es erfordert große Kraft, ein ungestümes Temperament zu zügeln. Und es macht Mühe, die Verantwortung für einen Schaden zu übernehmen, obwohl man ihn selbst verursacht hat.

Nichts von all dem ist einfach, aber all das führt zu besseren Tagen.

STÄRKEN SIE IHR SELBSTVERTRAUEN

Wenn man eine positive Einstellung hat und sich ständig bemüht, sein Bestes zu geben, wird man schließlich die anstehenden Probleme bewältigen und feststellen, dass man für größere Herausforderungen gerüstet ist.

Pat Riley

Wie können Sie lernen, an sich selbst zu glauben? Das ist die wesentliche Voraussetzung für ein gesundes Selbstvertrauen. Die Einstellung bringt vielerlei Eigenschaften zum Ausdruck, vor allem aber spiegelt sie sich in Ihrem Selbstvertrauen wider.

Um es zu steigern, müssen Sie zwei wichtige Punkte in Angriff nehmen: erstens die eigenen Grenzen erkennen und zweitens lernen, Entscheidungen zu treffen.

WELCHE PERSÖNLICHEN GRENZEN AKZEPTIEREN SIE?

In den 1960er-Jahren war Jimmy Heuga einer der hervorragendsten Skiläufer der Welt. Er gewann 1964 die Bronzemedaille im olympischen Slalom, aber bei der Olympiade 1968 belegte er, fünfundzwanzig Jahre alt, im gleichen Wettbewerb nur den achten Platz, was für ihn eine große Enttäuschung war. Er wusste nicht, dass er an multiple Sklerose erkrankt war.

Als diese dann diagnostiziert wurde, erklärten mehrere Ärzte, sein Nervensystem sei so stark geschädigt, dass er auf einen Rollstuhl angewiesen sei. Heuga wollte ihnen jedoch nicht glauben. Ungeachtet seiner körperlichen Verfassung machte er es sich zur Gewohnheit, auf dem Fahrrad zur Arbeit zu fahren, jeden Tag zu trainieren und zwanzig Minuten zu schwimmen. Er fing sogar wieder mit dem Skifahren an.

Seiner Ansicht nach konnte er sich durchaus damit abfinden, im Rollstuhl zu sitzen, nicht aber damit, hilflos auf etwas zu warten. Also gab er sich das Ziel vor, sein Leben durch ein individuelles Heilprogramm gleichsam neu zu beleben. Seine Grundanschauung war denkbar einfach: Es kommt darauf an, sich trotz Krankheit intensiv zu beschäftigen und dabei einen Schritt nach dem anderen zu unternehmen.

Wenn man zum Beispiel nicht schwimmen kann, springt man nicht gleich in den See. Zunächst befeuchtet man die Füße, watet dann jeden Tag ein Stück weiter durchs Wasser in tiefere Bereiche, bis man schließlich sicher genug ist, die ersten Schwimmbewegungen zu machen.

Diese Einstellung half ihm nicht nur, mit seiner Krankheit fertig zu werden, sondern inspirierte ihn auch dazu, das Heuga Center zu gründen, wo man Heilprogramme anbietet, die auf Heugas persönlichen Erfahrungen beruhen und anderen Menschen mit MS Beistand leisten. (Detaillierte Informationen gibt es auf *www.heuga.org*.)

Das sind äußerst wertvolle Ratschläge für jedermann, nicht wahr?

Welche Entscheidungen treffen Sie?

»Entscheidungen sind unangenehm, weil sie uns das Gefühl von Verantwortung geben«, sagt Ann Weber, eine Psychologin in Asheville, North Carolina. »Die Unentschlossenheit hingegen hat den Vorteil, dass man nicht zur Verantwortung gezogen werden kann, zugleich aber den Nachteil, dass man sein Leben nicht selbst plant und lenkt.«

Jane Burka wiederum, eine Psychologin in Berkeley, Kalifornien, unterscheidet mehrere Typen unentschlossener Personen. *Perfektionisten* etwa sind Menschen, die eher eine Entscheidung vermeiden, als das Risiko einzugehen, einen Fehler zu machen. *Kompromisslose Menschen* wollen alles auf einmal und fühlen sich kompromittiert, wenn sie irgendetwas aufgeben müssen. *Freiheitsliebende Menschen*, die vor verschiedenen Alternativen stehen, möchten sich nicht nur auf eine davon festlegen, sondern sich stets sämtliche Möglichkeiten offenhalten. Und *abhängige Menschen* vertrauen mehr auf andere als auf sich selbst.

Nun, der gemeinsame Nenner, der diese Typen miteinander verbindet, ist – Sie haben es schon erraten –

ein Mangel an Selbstachtung, der sich oftmals auf die Erziehung zurückführen lässt. Ein Perfektionist kommt vielleicht aus einer Familie, in der Fehler kritisiert wurden. Und einem abhängigen Menschen wurde möglicherweise gesagt, er habe falsche Entscheidungen getroffen, woraufhin er seine Bemühungen schließlich einstellte.

Der Autor Mike Hernacki aus San Diego schreibt, sein Mangel an Selbstvertrauen und die daraus resultierende Unentschlossenheit gingen auf seine strenge Erziehung zurück, charakterisiert durch die puritanische Einstellung: »Lobe und prahle nicht in der Nähe deiner Kinder, mach ihnen keine Komplimente.« Und er fährt fort: »Ich konnte zehn sehr gute Noten und eine gute Note nach Hause bringen, und mein Vater fragte: ›Was ist mit der guten Note?‹«

Hernacki erzählt, wie er mit ein und derselben Frau vier Jahre lang eine Beziehung führte, aber nicht imstande war, ihr einen Heiratsantrag zu machen, bis sie ihm dann ein Ultimatum stellte. Er beschreibt, dass er viele Jahre lang von einem Beruf in den anderen wechselte: Lehrer, Werbeleiter, Rechtsanwalt, Börsenmakler. Mit einer Verspätung von vierzehn Jahren verwirklichte er schließlich seinen Traum, Schriftsteller zu werden, weil die früheren Beschäftigungen, wie er sagt, »überhaupt kein Geld einbrachten«.

Als Frank McCourt aus seiner irischen Heimat in die Vereinigten Staaten kam, war er mittellos, unerfahren und ohne Freunde. Durch niedrige und schwere Arbeit gelang es ihm, eine Ausbildung am College zu finanzieren. Wie Hernacki wollte er schreiben, wurde stattdessen aber Englischlehrer an Highschools in New York. Erst nach der Pensionierung hatte er genügend Selbstvertrauen, um die Laufbahn eines Schriftstellers einzuschlagen. Sein erstes Buch, *Angela's Ashes* (Die Asche meiner Mutter), wurde zum Bestseller und führte ihn zu zwei weiteren autobiografischen Werken, die ebenfalls großen Erfolg hatten.

In ihrem Buch *The Confidence Quotient: 10 Steps to Conquer Self-Doubt* (*Der Quotient des Vertrauens: 10 Schritte, um Selbstzweifel zu überwinden*) raten die Psychologinnen Meryle Gellman und Diane Gage unentschlossenen Menschen, die negativen Botschaften, die sie empfangen haben, genau zu untersuchen. Dann sollten sie einen *Zweifler* visualisieren - etwa den Elternteil, der ihre Entscheidungen ständig kritisierte - sowie einen *Förderer* - jenen Menschen also, der sie immer wieder unterstützte - und sich vorstellen, mit diesem konstruktiv zusammenzuarbeiten. Das heißt: Je mehr Entscheidungen man trifft und je deutlicher man sieht, dass die Welt in keinem Fall untergehen wird, desto besser hat man die Dinge im Griff.

Wenn Sie entschlossener sein wollen, zwingen Sie sich zunächst einmal, jeden Tag mehrere kleine Entscheidungen zu treffen. Warten Sie nicht, bis Sie das Gefühl haben, die Lage völlig zu beherrschen. Das wäre vergleichbar damit, dass Sie sich sagen: »Ich höre dann mit dem Rauchen auf, wenn ich keinen Geschmack mehr daran finde.« Dazu wird es nie kommen. Vielmehr müssen Sie sich genau überlegen, welche konkreten Maßnahmen Sie ergreifen wollen, um dieses Ziel zu erreichen, und demgemäß auch handeln.

Unentschlossenheit ist im Grunde nichts anderes als Angst vor der Zukunft. Sobald Sie zur Tat schreiten, stellen Sie normalerweise fest, dass dies gar nicht so schrecklich ist, wie Sie dachten.

Beginnen Sie damit, Entscheidungen in kleinere Schritte zu unterteilen. Wenn Sie zum Beispiel Geld in Wertpapiere investieren möchten, brauchen Sie nicht alles über die Börse zu wissen. Beschaffen Sie sich einfach die notwendigen Informationen über jene Anlagen, die Ihnen vorschweben.

Hernacki geht davon aus, dass die meisten Entscheidungen weniger wichtig sind als die Verpflichtung, sie zu treffen, und dass sich Entscheidungen nur selten verhängnisvoll auswirken. Was zählt, ist die innere Bereitschaft, sie erfolgreich in die Praxis umzusetzen.

»Entscheidungen zu treffen fällt mir weiterhin nicht immer leicht«, schreibt Hernacki, »aber es ist nun anders, weil ich schon eine ganze Reihe von Entscheidungen hinter mir habe. Also gehe ich hinaus und treffe sie.«

Dank einer positiven Einstellung konzentrieren wir uns nicht auf unkontrollierbare Ereignisse oder Umstände, sondern darauf, wie wir ihnen begegnen.

3.

ERFOLGREICHE FÜHRUNGSKRÄFTE SIND POSITIV EINGESTELLT

Der reuevolle Blick in die Vergangenheit
ist eine gefährliche und völlig sinnlose Angewohnheit,
weil er eine positive Einstellung verhindert.
Schreiten Sie voran!

Die Lehren, die Menschen aus den eigenen Erfolgen und Fehlschlägen ziehen, sind unmittelbar mit ihrer Einstellung verbunden. Ob Sie Generaldirektor oder Postbearbeiter oder irgendetwas dazwischen sind – Sie würden gut daran tun, jenen Personen nachzueifern, die in einer Führungsposition Erfolg haben.

EIGENSCHAFTEN ERFOLGREICHER FÜHRUNGSKRÄFTE

Befassen wir uns kurz damit, wie eine positive Einstellung erfolgreiche Führungskräfte beeinflusst:

- Sie ertragen ein hohes Maß an Frustration.
- Sie ermutigen andere zur Partizipation.
- Sie stellen sich selbst immer wieder infrage.
- Sie haben einen gesunden Ehrgeiz.
- Sie zügeln ihren Drang, Vergeltung zu üben.
- Sie gewinnen, ohne zu jubeln.
- Sie verlieren, ohne Trübsal zu blasen.
- Sie erkennen legale, ethische und moralische Grenzen an.
- Sie sind sich der Loyalität innerhalb einer Gruppe bewusst.
- Sie haben realistische Ziele.

Ungeachtet dessen, ob Sie momentan einen großen Mitarbeiterstab leiten oder gerade Ihre Laufbahn beginnen, können Sie von erfolgreichen Führungskräften lernen, was man für den Aufstieg zur Spitze braucht. So wird Ihnen auch klar, dass Sie im Hinblick auf den eigenen Entwicklungsprozess realistisch sein müssen.

Fragen Sie sich: »Warte ich auf die Hilfe von jemand anders - oder steuere ich meine Entwicklung selbst?«

Erfolgreiche Menschen haben keine besondere Vollmacht vom Allmächtigen. Physisch, emotional und sogar intellektuell scheinen sie fast so zu sein wie die meisten von uns. Ihre Persönlichkeit und Intelligenz sind ebenso unterschiedlich wie die Methoden, mit denen sie auf ihre Ziele hinarbeiten.

Eine positive Einstellung entfesselt auch den Drang, sich selbst und die anderen ringsum zu übertreffen.

Sie können dieses dringende Bedürfnis nach Weiterentwicklung und Leistungsfähigkeit folgendermaßen stimulieren:

- Verwirklichen Sie Ideen - die eigenen oder die von jemand anders -, indem Sie deren praktischen Nutzen in den Vordergrund stellen.

- Übernehmen Sie Verantwortung.

- Treffen Sie schwierige Entscheidungen mit einem Minimum an persönlicher Sorge oder Qual.

- Stellen Sie Fakten über Meinungen. Sie sollten immer zuerst Fakten sammeln und sie dann interpretieren, wenn Sie ein bestimmtes Problem lösen oder eine Gelegenheit ergreifen.

- Seien Sie ein Meister der Kommunikation. So werden andere Menschen ungezwungen mit Ihnen sprechen, weil diese wissen, dass Sie ein offenes Ohr haben, wenn sie etwas mitzuteilen haben.

- Bekräftigen Sie, dass Ihnen die Aufgaben und Ideen der Mitarbeiter wichtig sind.

Darüber hinaus kommen erfolgreiche Führungskräfte gut mit Leuten aus. Nur selten versagen Menschen aufgrund ihrer Inkompetenz. Das größte Hindernis besteht darin, dass sie einfach nicht effektiv mit den Kollegen zusammenarbeiten können. Diejenigen aber, die harmonische Beziehungen pflegen, haben gelernt, wie echter Respekt erworben wird, nämlich indem man

- Menschen so behandelt, wie man selbst behandelt werden möchte;
- ein guter Lehrer und Ausbilder ist;
- konstruktive Kritik übt;
- den persönlichen Bedürfnissen und Wünschen Einhalt gebietet.

Das sind nur einige der zahlreichen Qualitäten, die erfolgreiche Führungskräfte auszeichnen; und auch Sie können sich jene allmählich aneignen, egal, welche Sprosse der Karriereleiter Sie gerade einnehmen.

Andere Eigenschaften sind ebenso wichtig. Sie können erfolgreichen Führungskräften nacheifern, indem Sie:

- gründliche Erklärungen abgeben, wenn Sie ein neues Projekt vorstellen oder Probleme, Einwände und Ängste im Voraus bedenken. Achten Sie darauf, ob und inwieweit sich die Standpunkte der Mitarbeiter geändert haben. Versuchen Sie herauszufinden, welche Punkte geklärt werden müssen, damit die anderen kooperieren.

- furchtlos eingestehen, dass Sie nicht immer auf alles eine Antwort haben. Außerdem sollten Ihre Fragen stets auf Gestaltung, Lösung, Überprüfung und Verbesserung gerichtet sein, statt darauf, wer sich geirrt hat oder zur Rechenschaft gezogen werden sollte.

- neugierig sind. Erfolgreiche Menschen sind hellwach, wenn es in ihrem Bereich wie auch innerhalb der Firma um besondere Vorkommnisse oder neue Entwicklungen geht. Sie neigen dazu, mehr zu lesen und weniger fernzusehen. Sie widmen ihre Kraft jenen Aufgaben, die obersten Vorrang haben. Auch Sie besitzen diese Fähigkeit.

- keine Angst davor haben, auch Wagnisse einzugehen. Nehmen Sie kalkulierte Risiken auf sich in Bezug auf Personen, Situationen sowie bei der Suche nach Lösungen für schwierige Probleme. Dazu ist jedoch mehr als nur Mut vonnöten. Manchmal werden Sie im Ausprobieren neuer Ideen sogar Ihren Job aufs Spiel setzen.

- Ihre Leidenschaft zum Ausdruck bringen und eine neue Herausforderung - in die Sie sich unbedingt einbeziehen sollten - mit den Worten »Packen wir's an!« angehen. Das wird bei Ihren Zuhörern auf Resonanz stoßen. Zumal wenn sich Veränderungen anbahnen, ist diese temperamentvolle Art einfach Gold wert.

- vorzügliche Leistungen belohnen, nicht Mittelmäßigkeit. Dies führt bei den Untergebenen nicht nur zu einem höheren Maß an Befriedigung und Motivation, sondern auch zu einer besseren Arbeitsmoral, weil sie Möglichkeiten sehen, an der Erreichung ihrer Karriereziele aktiv mitzuwirken. Und selbst wenn Sie keine Führungskraft sind, können Sie E-Mails verschicken, in denen Sie Teamkollegen und andere Angestellte dem jeweiligen Chef empfehlen. Freundliche Worte sowie die innere Bereitschaft, Mühen auf sich zu nehmen und die hervorragende Arbeit von jemand anders hervorzuheben, können viel ausrichten.

Eine positive Einstellung ermöglicht uns,
die Entscheidung zu treffen,
aus Sackgassen herauszukommen
und Fortschritte zu machen.

GLAUBEN SIE AN SICH SELBST

Eine positive Einstellung beruht im Wesentlichen darauf, dass man an sich selbst glaubt. In diesen ständig wechselnden Zeiten kann man sich praktisch keiner Sache völlig sicher sein. Die Einzigen, die über eine unumstößliche Gewissheit verfügen, sind die eingefleischten Pessimisten, insofern sie behaupten, dass alles nur noch schlimmer werden kann. Bis zu einem bestimmten Grad ist das eine Prophezeiung, die sich von selbst bewahrheitet, eben weil eine negative Einstellung ansteckend wirkt. Die Überzeugung, diese oder jene Sache sei unmöglich, führt häufig dazu, dass sie in der Tat unmöglich ist.

Die folgende kleine Parabel mit dem Titel *The Man Who Sold Hot Dogs* (Der Mann, der Hotdogs verkaufte) stammt wahrscheinlich aus den 1930er-Jahren, aber sie ist treffend genug, um heute noch einmal erzählt zu werden.

Es war einmal ein Mann, der am Straßenrand Hotdogs verkaufte. Da er schwerhörig war, besaß er kein Radio. Außerdem hatte er Probleme mit den Augen, also las er keine Zeitungen. Aber er verkaufte schmackhafte Hotdogs. Er stand am Straßenrand und rief: »Kaufen Sie einen Hotdog!« Und die Leute kauften. Das Geschäft lief gut, und so bestellte er immer mehr Würstchen und Brötchen. Er erwarb einen größeren Herd und holte schließlich seinen Sohn vom College nach Hause, damit der ihm bei der Arbeit aushelfe.

Dann geschah etwas Unvorhergesehenes. Sein Sohn sagte: »Papa, hast du nicht Radio gehört? Hast du keine Zeitungen gelesen? Die Situation in Europa ist trostlos. Und die Situation hier in den Vereinigten Staaten ist noch trostloser.« Daraufhin dachte der Vater: »Nun, mein Sohn war auf dem College. Er liest Zeitungen und hört Radio, demnach wird er schon Bescheid wissen.« Also bestellte der Vater weniger Würstchen und Brötchen und entfernte die Schilder am Stand. Er hatte keine Lust mehr, an der Schnellstraße zu stehen und Hotdogs anzubieten. Fast über Nacht gingen seine Verkäufe stark zurück. »Du hast recht, mein Sohn«, sagte der Vater. »Wir befinden uns wohl inmitten einer großen Depression.«

Wenn eine so düstere Stimmung herrscht, können die Leute nicht mehr sehen, was vor ihnen liegt. Instinktiv zögern sie, unbekanntes Terrain zu betreten. Ehe sie sich darauf einlassen, wollen sie die Sicherheit haben, weder zu stolpern noch zu stürzen noch sich das Genick zu brechen. In einer derartigen Lage sollte man nicht vergessen, was bisweilen als Gesetz des Schicksals bezeichnet wird: *Der Ruhm mag vergehen, aber die Ungewissheit hält an*.

Diese Ungewissheit wird einige Personen auf ihrem Weg lähmen, während andere sie als normalen Bestandteil des Lebens betrachten und spielend damit zurechtkommen. Wir können nicht immer Gewissheit verlangen, weil »hundertprozentige Sachen« in der Wirklichkeit ebenso wenig existieren wie auf der Rennstrecke. Es gibt nur Wahrscheinlichkeiten. Selbstbewusste Menschen gehen davon aus, dass diese sich mit der Zeit zu ihren Gunsten auswirken werden.

Mit einem solchen Vertrauen hängen Sie von nichts und niemandem ab. Sie sind nicht angewiesen auf Sicherheitsgarantien. Sie bauen auf sich selbst und auf jene Dinge, an die Sie glauben. Mit anderen Worten: Sie bahnen sich Ihren eigenen Weg.

Glücklich ist man weniger aufgrund
bestimmter Umstände als aufgrund
bestimmter Einstellungen.

Hugh Downs

ES IST DURCHAUS VON BEDEUTUNG, WIE WIR AUF ANDERE WIRKEN

Wir erwecken in anderen Menschen die gleiche geistige Einstellung, die wir ihnen gegenüber zum Ausdruck bringen.

Elbert Hubbard

Durch Selbstvertrauen entwerfen und entwickeln wir eine positive Einstellung. Doch manchmal besteht zwischen unserem diesbezüglichen Gefühl und der Wirkung, die wir auf andere haben, ein großer Unterschied. Da wir nicht immer wissen, wie sie uns sehen, ist es äußerst ratsam, ihre Wahrnehmungen mit den unseren in Einklang zu bringen. Ein Beispiel: Warum nehmen sich einige Leute so wichtig? Warum verschaffen ihnen Prestige und Autorität eine so deutlich spürbare Befriedigung? Vielleicht deshalb, weil sie im Innern verunsichert, von ihrem Wert nicht wirklich überzeugt sind und infolgedessen nach Halt suchen, indem sie ständig ihre Überlegenheit zur Schau stellen und Anerkennung von außen erheischen.

Ein weiterer Grund ist die Eitelkeit. Wir alle kommen uns gern wichtig vor, wirken aber ziemlich albern, wenn dem Ego keine Zügel angelegt werden. Und um diesen Punkt hervorzuheben, könnten Sie sich folgende Notiz über den Schreibtisch hängen: *Nur zwei Gruppen von Menschen fallen auf Schmeicheleien herein: Männer und Frauen*. Es ist durchaus eine gute Idee, sich von Zeit zu Zeit einmal umzuschauen und dafür zu sorgen, dass die Füße am Boden bleiben und der Kopf nicht zu hoch in den Wolken schwebt. Oberflächlichkeit kann Menschen dazu verleiten, ihre Bedeutung überzubetonen und nur noch einen winzigen Ausschnitt des Ganzen wahrzunehmen.

Es ist nicht ungewöhnlich, dass Personen mit einer positiven Einstellung an der Menge vorbeiziehen und zu Entscheidungsträgern werden. Warum? Dank ihrer bejahenden Einstellung bekommen sie Probleme besser in den Griff. Sie tendieren dazu, im Beruf größere Leistungen zu vollbringen und im Privatleben glücklicher zu sein. Die Leute sind gewillt, ihnen Respekt zu erweisen und zu folgen. Wenn sie Autorität besitzen, machen sie diese auch geltend, aber nicht, weil sie sich für einzigartige, höhere Wesen halten, sondern um die gewünschten Resultate zu erzielen. Eine führende Stellung einzunehmen heißt für sie nicht, dass die anderen ihnen unterlegen sind.

Nur eines ist ärgerlicher als ein junger Mensch, der sich allzu wichtig nimmt - nämlich ein älterer Mensch, der das gleiche Verhalten an den Tag legt und es eigentlich besser wissen sollte. Seien Sie also auf der Hut, falls Sie unter eine der beiden Kategorien fallen!

DIE LEITUNG INNEZUHABEN IST EINE HERAUSFORDERUNG

Vor einigen Jahren arbeitete ich mit dem stellvertretenden Direktor einer Einzelhandelskette zusammen, deren Jahresumsatz bei 350 Millionen Dollar lag. Er wollte die Verkäufe innerhalb von fünf Jahren verdreifachen. Ich fragte ihn: »Inwieweit müssen Sie sich persönlich weiterentwickeln, um dieses rasche Wachstum zu gewährleisten?« Seine Antwort lautete: »Darüber zerbreche ich mir nicht den Kopf. Ehrlich gesagt, habe ich nie daran gedacht, so weit zu kommen. Ich habe viel Vertrauen in mich selbst, und so jagt die Zukunft mir keine Angst ein.« Er widersetzte sich jeder Art von Selbstanalyse und Selbsteinschätzung, baute keinen Kandidaten auf, der ihm hätte nachfolgen können, und schob seiner Zukunft einen Riegel vor, weil er auch nach fünfundzwanzig Jahren in dieser hohen Position nicht begriffen hatte, dass die Veränderung bei ihm selbst beginnen muss. Außerdem war es sehr aufschlussreich, festzustellen, dass sich keiner der leitenden Angestellten für eine Beförderung geeignet hielt.

Nicht die Ideen sind rar, sondern die Fähigkeiten, sie nutzbringend in die Tat umzusetzen.

Ob Sie aufgefordert werden, ein kleines Projekt zu leiten oder eine ganze Abteilung, die Vorgabe ist immer die gleiche: nämlich mithilfe der Mitarbeiter bestimmte Ziele zu erreichen. Ungeachtet der Methoden, die Sie wählen, liegt Ihre Verantwortung hauptsächlich darin, Führungsqualitäten unter Beweis zu stellen und damit die Erwartungen zu erfüllen. Obwohl dies relativ einfach scheint, bedarf es doch erheblicher Anstrengungen, um dieser Aufgabe wirklich gerecht zu werden.

WAS IN EINER FÜHRUNGSPOSITION ABSOLUT NOTWENDIG IST

Um eine Arbeitsatmosphäre zu schaffen, in der Menschen sowohl als Individuen wie auch als Mitglieder des Teams höchste Leistungen vollbringen, müssen Führungskräfte Folgendes tun:

- sorgfältig planen, zugleich jedoch flexibel sein und improvisieren, wenn etwas Unvorhergesehenes passiert;
- neue Ideen und Verfahren entwickeln, aber daneben das Tagesgeschäft erledigen, damit die Gruppe auch bei Routineangelegenheiten weiter vorankommt;
- die richtigen Fragen stellen – jene, die das Denken anregen, die konkrete Maßnahmen und Verbesserungen zur Folge haben;
- die Fortschritte jedes einzelnen Mitarbeiters und die der Gruppe insgesamt überprüfen, um notwendige Veränderungen herbeizuführen und gegebenenfalls einen neuen Kurs festzulegen, damit die gesteckten Ziele erreicht werden;
- eher überzeugen als herrschen. Dazu bedarf es der Aufmerksamkeit und der Verbesserung der Kommunikationsfähigkeit: Man muss zuhören und so antworten können, dass die anderen es mühelos verstehen. Statt ihnen die eigenen Ideen und Präfe-

renzen aufzuzwingen, ist es wirkungsvoller, glaubwürdige Argumente vorzubringen und mit gutem Beispiel voranzugehen.

DIE VORAUSSETZUNGEN WIRKSAMEN HANDELNS

Siegertypen verbinden Optimismus mit günstiger Gelegenheit.

Die Erfolgsmenschen von heute sind zutiefst daran interessiert, sich ständig weiterzuentwickeln und ein Leben lang dazuzulernen. Sie haben die Strukturen, Vorgehensweisen und Ziele ihres Unternehmens gründlich untersucht und die eigenen Verpflichtungen ebenso klar erkannt wie die Grenzen persönlicher Autorität. Sie sind imstande, loyale Gesinnungen sowie Beziehungsmuster innerhalb der Gruppe zu durchschauen, Gelegenheiten für Wachstum und Entwicklung deutlich auszumachen - ob zu ihrem Nutzen oder dem der Mitarbeiter.

Eine effiziente Führung erfordert nicht nur kontinuierliches Lernen, sondern auch tiefen Einblick in Trends und neu auftauchende Konstellationen. Der Versuch, alles beim Alten zu belassen, ist gleichbedeutend mit Rückschritt. Führungskräfte, die im Wettbewerb Erfolg haben, zeichnen sich durch folgende Merkmale aus:

- Sie wissen mit anderen Leuten umzugehen; sorgen im Unternehmen für einen zielgerichteten und harmonischen Ablauf; nehmen Probleme methodisch in Angriff, ohne dabei ihre menschliche Seite zu verleugnen. Sie sind achtsam, taktvoll und gründlich. Im Streben nach besseren Leistungen bewahren sie stets den Respekt gegenüber jenen Personen, die mit ihnen zusammenarbeiten.

- Sie motivieren und dirigieren sich selbst, entwickeln ihre Fähigkeiten ständig weiter. Eifrig suchen sie nach neuen Ideen und Verfahren.

- Sie verstehen, warum Resultate und Effektivität - im Gegensatz zu bloßer Effizienz - notwendig sind. Effiziente Leute machen die Dinge richtig. Effektive Leute machen die *richtigen* Dinge richtig.

- Sie kennen die weiter reichenden Folgen ihres Handelns sowie die wesentlichen Maßnahmen, die zu Fortschritten führen. Entscheidungen müssen bei ihnen nicht im Bruchteil einer Sekunde getroffen werden. Die Besten überlegen ganz genau, was zu tun ist, und unternehmen dann die nötigen Schritte.

So seltsam es klingen mag - viele Menschen haben keine klare Vorstellung davon, was bei ihrer Arbeit wirklich verlangt wird. Versuchen Sie es einmal mit der nachstehenden Übung, um Ihre Prioritäten hinsichtlich der eigenen beruflichen Leistung einzuschätzen.

Notieren Sie Ihre Antworten auf die Frage: »Für welche Leistungen werde ich eigentlich bezahlt?« Verwenden Sie für jede Antwort nicht mehr als vier Worte. Vermeiden Sie allzu eindeutige Indikatoren wie »Erhöhung« oder »Befriedigung«, desgleichen Produktionsmengen und Zeitpläne, wenn Sie Ihre hauptsächlichen Ziele auflisten. Beschränken Sie die Liste auf acht Punkte. Überprüfen Sie anschließend Ihre Leistungen und Ziele, indem Sie diese anhand folgender Kriterien bewerten:

- Stellen sie eher den Output als den Input dar?
- Bilden sie einen wichtigen Teil Ihrer Tätigkeit?
- Fallen sie ausnahmslos in Ihren Macht- und Verantwortungsbereich?
- Sind sie zahlenmäßig gering genug, um Ihnen stets die Erledigung der zentralen Aufgaben zu ermöglichen, aber nicht so gering, dass Planungen dadurch erschwert werden?
- Überschneidet sich Ihr Verantwortungsbereich mit dem von jemand anders? Oder klafft zwischen beiden eine Lücke, weshalb dann niemand für die gewünschten Resultate verantwortlich ist?
- Fügen sie sich gut in die innerbetriebliche Hierarchie ein, sodass Ihre Ergebnisse in Einklang sind mit denen der Kollegen über und unter Ihnen?
- Fügen sie sich gut in die horizontale Struktur des Betriebs ein, sodass Ihre Ergebnisse in Einklang sind mit denen der Kollegen auf der gleichen Ebene?

SIND SIE EINE TÜCHTIGE FÜHRUNGSKRAFT?

Das größte Risiko besteht darin,
nichts zu riskieren.

Vor langer Zeit machte uns Peter Drucker mit der Vorstellung vertraut, dass Führungskräfte an folgenden Qualitäten zu erkennen sind:

- Sie starten ein Projekt mit der Frage »Was muss dafür getan werden?« statt mit der Frage »Was brauche ich?«.

- Sie fragen immer wieder: »Worin liegen die Ziele und Zwecke meines Unternehmens?« Und: »Was ist als annehmbare Performance zu bezeichnen und trägt zum Nettogewinn bei?«

- Sie wollen keine Klone ihrer selbst. Sie fragen nie: »Mag ich diese Person oder nicht?« Allerdings dulden sie keine schwache Leistung.

- Sie fühlen sich nicht bedroht durch andere, deren Stärken ihnen fehlen.

Die von Drucker genannten Merkmale sind direkt anwendbar auf die gegenwärtigen Definitionen der Konkurrenzfähigkeit. Probieren Sie es aus. Ersetzen Sie in den obigen Aussagen den Begriff »Führungskräfte« durch »Konkurrenten«, dann sehen Sie, was ich meine.

FÜRSORGLICHKEIT LÄSST SICH NICHT VORTÄUSCHEN

Egal, wie Sie es drehen und wenden: Fürsorglichkeit kann man nicht vortäuschen. Aber die echte Fürsorge ist ein entscheidender Pluspunkt gegenüber den Menschen ringsum.

Zyniker meinen, heute seien die Menschen nicht mehr so fürsorglich wie früher. Andere wiederum behaupten, wir seien zu fürsorglich, vor allem in Bezug auf uns selbst.

Die Sache erscheint umso komplizierter, als sogar Soziologen einräumen, dass hierbei viele Fragen unbeantwortet bleiben. Wie lernen wir, fürsorglich zu sein? In welchen Situationen bringen wir diese Eigenschaft zum Ausdruck? Wer ist ein fürsorglicher Mensch? Findet die Fürsorglichkeit Anwendung im Geschäftsleben? Kann man sie lehren?

Jack Beasley, Professor am Georgia Southern College, der das Sozialverhalten von Familien und Kindern untersucht, vertritt die Auffassung, dass die Fähigkeit zur Fürsorge auch mit der Bereitschaft oder dem Wunsch verbunden sei, die Standpunkte und Bedürfnisse des anderen wahrzunehmen und dementsprechend zu handeln. Nach Beasley - zudem Unternehmensberater in Familienfragen - ist die Fürsorge eine Art Begabung, die einzusetzen man ein ganzes Leben lang lernt. Selbst wenn man in der Kindheit keine Fürsorglichkeit erfahren hat, kann man als Erwachsener lernen, wie man sich fürsorglich verhält. Tatsächlich verbessern viele der Methoden, die mit Kinderpflege zu tun haben, nicht nur die zwischenmenschlichen Beziehungen, sie maximieren auch die Produktivität.

Professor Beasley rät Ihnen zu den folgenden ersten Schritten, wenn Sie Ihre Fähigkeit zur Fürsorge verbessern möchten:

1. Beobachten Sie genau die einzelnen Mitglieder eines Arbeitsteams, wenn dieses eine Niederlage erleidet.

2. Zeigen Sie eine fürsorgliche Haltung. Wenn Angestellte merken, dass sich die Kollegen und Vorgesetzten um sie kümmern, sind sie leistungsfähiger.

3. Erdrücken Sie niemanden mit Ihrer Fürsorge. Diese zeigt sich auch im Wissen, wann man sich zurückhalten sollte. Lassen Sie dem Einzelnen das zuteil werden, was er zu seinem Wohlbefinden braucht, doch übertreiben Sie nicht. *Tun Sie für andere nicht, was sie für sich tun können*. Wenn Sie zu viel machen, werden jene Sie ebenso herabsetzen wie ihre eigenen Fähigkeiten.

4. Seien Sie fürsorglich genug, um den Mitarbeitern zu gestatten, dass sie aus logischen Konsequenzen lernen. Zwar können Sie ihnen sagen, was passieren wird, aber gewöhnlich müssen sie selbst die Erfahrung machen, um davon überzeugt zu sein.

5. Zügeln Sie Ihre Bedürfnisse. Die Fürsorglichkeit ist ein Nebenprodukt der Selbstachtung. Wer mit sich und seinen Fähigkeiten zufrieden ist, hat nicht so viel zu beweisen wie jemand, der angestrengt herauszu-

finden versucht, wer er ist und wofür er steht. Um die Entwicklung der anderen zu fördern und darüber hinaus Ihre persönlichen Wünsche in Schranken zu halten, sollten Sie sie zum Beispiel ermutigen, die eigenen Begabungen stärker zur Geltung zu bringen. Dann können sie alle Verdienste für sich in Anspruch nehmen.

6. Sorgen Sie schließlich auch für sich selbst. Das ist keineswegs egoistisch. *Sie können nicht Sorge tragen für andere, wenn Sie es nicht für sich selbst tun.*

Die vorgetäuschte Fürsorglichkeit erweist sich als Bumerang. Mark Twains Rat ist sehr vernünftig: »Wenn man die Wahrheit sagt, braucht man sich an nichts zu erinnern.«

Falls Ihnen die anderen wirklich gleichgültig sind, werden diese Sie durchschauen und ebenso teilnahmslos wie unglücklich sein. Doch wenn Sie ihnen echtes Interesse entgegenbringen, werden sie es merken und darauf ansprechen. Dann stellen Sie fest, dass Sie wie selbstverständlich

- den Mitarbeitern sinnvolle Aufgaben zuweisen, durch die sie sich gefordert fühlen;
- gratulieren, wenn ihnen etwas wirklich gelungen ist;
- hinter den Entscheidungen stehen, die zu ihrem Wohlergehen beitragen;
- auf *ihre* Bedürfnisse achten, statt darauf, wie Sie diese *interpretieren*.

Wenn Sie Manager sind oder werden möchten, sind Sie in Ihrem eigenen Interesse verpflichtet, über die diesbezüglichen Motive gründlich nachzudenken. Fragen Sie sich, ob Ihnen am Wohlergehen Ihrer Mitarbeiter wirklich gelegen ist. Wenn Ihre ehrliche Antwort »Nein« oder »Ich bin mir nicht sicher« lautet, hat es kaum Sinn, sich irgendetwas vorzumachen. Wie gesagt, Fürsorglichkeit kann man einfach nicht vortäuschen. Wenn Sie das bezweifeln, so fragen Sie sich: »Welchem mir bekannten Schwindler würde ich vertrauen?«

4.

DIE MITARBEITER MOTIVIEREN

Frage dich zuerst, was du gerne sein würdest,
und tue dann, was du tun musst.

Epiktet

Wenn Sie Manager oder leitender Angestellter sind, kommt im Verhalten der Mitarbeiter zum Ausdruck, inwieweit sie durch Ihre Einstellung beeinflusst und angespornt werden. Wenn Sie diese Position noch nicht innehaben, können Sie trotzdem eine Führungskraft sein, wobei sich Ihre Einstellung dann ebenfalls auf die Personen ringsum auswirkt. Um schließlich in die Rolle des Entscheidungsträgers hineinzuwachsen, sollten Sie als jemand wahrgenommen werden, der bei anderen die besten Eigenschaften zum Vorschein bringt. Menschen, die nicht dazu motiviert werden, immer wieder ihr Bestes zu geben, tun dies deshalb nicht, weil sie das untrügliche Gefühl haben, dass Sie sich nicht wirklich um sie kümmern.

Als Vorgesetzter besteht Ihre Aufgabe darin, die Mitglieder Ihres Teams zu einer einheitlichen Gruppe zusammenzuschließen, mit ihnen zu kooperieren und sie so weit zu motivieren, dass die gesteckten Ziele erreicht werden. Dieser Prozess beginnt damit, dass Sie sich Zeit nehmen, jeden Ihrer Kollegen als Einzelperson kennenzulernen. Jeder hat Stärken und Schwächen. Das Verständnis für das Individuum ist der erste Schritt zum Aufbau einer motivierten *Gruppe* von Menschen.

Dazu bedarf es nicht nur des Wissens um deren berufliche Qualifikationen. Vielmehr müssen Sie in Erfahrung bringen, was für den Einzelnen wichtig ist im Hinblick auf seine beruflichen Ambitionen und Ziele, seine familiären Verhältnisse und besonderen Interessen außerhalb der Arbeit.

Außerdem müssen Sie ihm zeigen, dass Sie gute Arbeit schätzen, und ihn mit Respekt behandeln. Wenn er die Erwartungen erfüllt, so zögern Sie nicht, ihn zu loben. Falls er Probleme hat, greifen Sie ein, indem Sie ihm dabei helfen, die passende Lösung zu finden. Dadurch wird er Ihnen vertrauen und wissen, dass er sich in heiklen Situationen an Sie wenden kann.

WIE MAN MIT LEISTUNGSSTARKEN MITARBEITERN UMGEHT

Die Vorteile einer positiven Einstellung resultieren eher aus der Art des Umgangs mit leistungsstarken als mit leistungsschwachen Mitarbeitern. Warum? Weil jene die Weichen für die Zukunft Ihres Unternehmens stellen. Die meisten Manager verbringen zu viel Zeit damit, die

Leistungen der schwachen Mitarbeiter zu verbessern. Das ist durchaus wichtig, aber nicht dann, wenn die Leistungsträger vernachlässigt werden. Diese äußerst kompetenten Personen eröffnen Perspektiven, die jede Führungskraft begrüßen sollte. Doch wenn sie nicht sorgfältig angeleitet werden, beschwören sie möglicherweise Probleme herauf, die sowohl sie selbst als auch die Firma betreffen.

Da Tatmenschen häufig Nonkonformisten sind und keine Angst davor haben, ihre Vorstellungen zum Ausdruck zu bringen, finden einige Manager sie unangenehm oder anmaßend - und fühlen sich manchmal sogar eingeschüchtert.

Es folgen einige wirksame Methoden, wie Sie die Energie jener Mitarbeiter, die schnell vorankommen wollen, nutzbar machen können:

- Delegieren Sie. Sorgen Sie dafür, dass diese Erfolgstypen ihre Fähigkeiten weiter ausbilden, indem sie Aufgaben unter Druck erledigen - und natürlich unter Ihrer Aufsicht. Bieten Sie ihnen Gelegenheiten, bei denen sie nicht nur ihr Potenzial und ihren Elan unter Beweis stellen müssen, sondern auch jene Lektionen lernen, die im Hinblick auf ihre künftigen Beförderungen wesentlich sind.

- Beflügeln Sie sie durch Lob. Es hat tatsächlich eine große Wirkung, wenn Sie außergewöhnliche Leistungen vor allen Mitarbeitern anerkennen und belohnen. Die gegenteilige Reaktion ist ebenfalls sehr wichtig. Kritisieren Sie schwache Leistungen immer unter vier Augen.

- Bewilligen Sie Beförderungen auf Zeit. So können Sie die Fähigkeiten dieser Personen weiter überprüfen und feststellen, wie sie mit den neuen Herausforderungen zurechtkommen.

Unter den Leistungsträgern sind - wenn überhaupt - nur selten Angestellte, die sich nicht wirklich einsetzen oder gegenüber dem Arbeitgeber kein tief verwurzeltes Gefühl von Loyalität empfinden. Die tatkräftigen Männer und Frauen hingegen sind von hohem Wert, wenn man sorgsam mit ihnen umgeht. Sie haben keine Bedenken, Vorschläge zu unterbreiten, Empfehlungen auszusprechen, Rat zu erteilen und Dinge zu ändern, wozu Konformisten kaum in der Lage sind. Jedes Unternehmen braucht diese Karrieremacher.

WIRKSAM KOMMUNIZIEREN

Die Kommunikation ist ebenso sehr eine Einstellung wie eine Technik. Zum Beispiel muss jedes Gespräch einen bestimmten Zweck haben, und es sollte stets konstruktiv sein. Achten Sie immer darauf, dass die Probleme und Fragen, die andere zur Sprache bringen, von Ihnen wirklich ernst genommen werden.

Probieren Sie einmal die folgenden Hinweise in der Praxis aus, um eine bessere Zusammenarbeit seitens Ihrer Kollegen zu gewährleisten:

- Geben Sie Informationen weiter, solange diese noch aktuell sind. Mit anderen Worten: Lassen Sie die anderen so früh wie möglich wissen, was sie unbedingt wissen müssen.

- Wenn Sie ein Thema erörtern, dann konzentrieren Sie sich eher darauf, welche Bedeutung es für Ihren Gesprächspartner hat, als darauf, was es für Sie bedeutet.

- Teilen Sie Ihre Standpunkte großzügig mit. Fragen Sie: »Fühlen Sie sich wohl dabei? Wie würden Sie reagieren auf...? Was wäre, wenn ich vorschlüge...?«

- Wenn Sie Zweifel haben, so zögern Sie nicht, einen Experten zu Rate zu ziehen. Vergessen Sie nicht: Sie werden nicht dafür bezahlt, dass Sie von vornherein über alles und jeden Bescheid wissen.

- Die meisten Leute, die sich auf einem bestimmten Gebiet für erfahren halten, reden oft zu viel. Versuchen Sie, so wenig wie möglich Worte zu machen. Weitschweifige Äußerungen rufen gewöhnlich Verwirrung, Langeweile und Desinteresse hervor.

EIN BESSERER ZUHÖRER WERDEN

Normalerweise verstehen wir unter Kommunikation lediglich Sprechen oder Schreiben. Beide Formen der Mitteilung sind wesentlich, aber zu einer umfassenden Kommunikation gehört noch mehr. Das nicht nur passive, sondern aktive, teilnehmende Zuhören ist ebenfalls von besonderer Bedeutung. Als guter Zuhörer geben Sie den Menschen ringsum ein nachhaltiges, positives Feedback, das ihnen deutlich macht, dass Sie sie als wichtig und das gemeinsame Gespräch nicht als Zeitverschwendung betrachten. Ihre Effektivität beruht zum großen Teil auf der Fähigkeit, die Standpunkte der anderen zu erfassen, auf Ihrer Einstellung beim Zuhören sowie auf dem Maß an Interesse, das Sie bekunden.

Die folgenden Schritte, die sich in der Praxis bewährt haben, werden Ihre Aufnahmefähigkeit verbessern. Sie müssen aufmerksam zuhören, um

- Klarheit zu schaffen;
- die Absichten und Auffassungen der anderen zu überprüfen;
- Verständnis zu zeigen;
- Feedback zu bekommen.

Zuhören ist harte Arbeit, bei der es nicht nur darum geht, die Ohren offen zu halten. Sagen wir, ein Kollege konfrontiert Sie mit einem Problem und bittet um Hilfe. Zunächst hören Sie ihm aufmerksam zu, doch schon bald schweifen Ihre Gedanken ab. Statt auf die Details zu achten, denken Sie über andere Dinge nach: über den zu bearbeitenden Stapel auf Ihrem Schreibtisch, die anberaumte Sitzung mit dem stellvertretenden Direktor der Firma oder über die schulischen Probleme, die eines Ihrer Kinder gerade hat. Sie *hören* zwar die Ausführungen Ihres Gesprächspartners, aber Sie *lauschen* nicht wirklich.

Das passiert deshalb, weil das menschliche Gehirn Vorstellungen viel schneller verarbeiten kann als gesprochene Worte. Während der andere redet, sind Sie ihm gedanklich bereits voraus. Im Kopf vervollständigen Sie - oft unrichtig - seine Sätze, ehe er sie überhaupt formuliert hat. Sie »hören«, was der Verstand diktiert - und nicht, was tatsächlich gesagt wird.

So ist die menschliche Natur. Die Lösung besteht darin, den beschriebenen Ablauf vorauszusehen und ihn durch geeignete Maßnahmen zu unterbinden. Es ist peinlich, einzugestehen, dass man nicht zugehört hat - also tun Sie so, als hätten Sie zugehört. Sie greifen die letzten Worte Ihres Gegenübers auf und nehmen dazu Stellung. Manchmal kommen Sie dann wieder in die Spur, aber oft wird Ihnen die eigentliche Botschaft entgehen.

Wenn Sie unaufmerksam waren, gewinnen Sie Ihre Fassung vielleicht zurück durch die Frage: »Können wir Ihren letzten Punkt noch einmal besprechen?« Oder: »Würde es Ihnen etwas ausmachen, das zu wiederholen? Ich bin mir nicht sicher, ob ich es verstanden habe.«

Gute Zuhörer sind am Gespräch aktiv beteiligt und beachten wahrscheinlich folgende Richtlinien:

- Schauen Sie Ihr Gegenüber an. Augenkontakt ist die erste Möglichkeit, Interesse zu zeigen, aber übertreiben Sie es nicht damit. Betrachten Sie den *ganzen* Menschen, statt ihm nur in die Augen zu starren.

- Bringen Sie durch Ihre Miene zum Ausdruck, dass Sie mit dem anderen Kontakt aufnehmen.

- Geben Sie durch Nicken und verschiedene Gesten zu erkennen, dass Sie dem Gespräch folgen.

- Stellen Sie spezifische Fragen zu spezifischen Punkten. Auf diese Weise können Sie nicht nur eventuelle Unklarheiten beseitigen, sondern auch aufmerksam und voll konzentriert bleiben.

- Unterbrechen Sie Ihren Gesprächspartner nicht. Wenn er in seinen Ausführungen innehält, sollte das für Sie nicht ein Signal sein, das Wort zu ergreifen. Er hat Ihnen vielleicht noch mehr zu sagen.

- Seien Sie ein einfühlsamer Zuhörer. Lauschen Sie sowohl mit dem Kopf als auch mit dem Herzen. Anders ausgedrückt: Versuchen Sie, sich an die Stelle des Sprechers zu versetzen.

Sie können tatsächlich zu einem besseren Zuhörer werden. Jede Person ringsum wird dann darauf reagieren, dass Sie ihr und ihren Äußerungen Beachtung schenken. Eine kleine Mühe mag sich in hohem Maße auszahlen!

STELLEN SIE DIE RICHTIGEN FRAGEN

Fragenstellen ist genauso wichtig wie Zuhören. Die Macht einer guten Frage liegt in der Tatsache begründet, dass sie eine passende Antwort erzwingt. Wenn wir die richtigen Fragen stellen, erhalten wir im Hinblick auf die Informationen, Erfahrungen und Reaktionen unseres Gesprächspartners bessere Antworten. Durch die richtigen Fragen geben Sie ihm zu verstehen, dass Sie ihn schätzen, seine Ausführungen anhören und interessiert verfolgen. Falsche Fragen hingegen verlangen geradezu nach falschen Antworten.

Um Fortschritte zu erzielen, ist es wichtiger, Fragen zu stellen, als Mitteilungen zu machen. Warum? Weil wir alle um der Effektivität willen angemessene Informationen benötigen. Tatsächlich sind Entscheidungen nur so gut wie die Informationen, auf denen sie beruhen.

WIE MAN KONSTRUKTIVE KRITIK ÜBT

Neunundneunzig Prozent aller Misserfolge werden verursacht durch Leute, die es gewohnt sind, Entschuldigungen vorzubringen.

George Washington Carver

Bevor Sie jemanden kritisieren, sollten Sie zunächst herausfinden, wodurch die mangelnde Leistung bedingt ist, und dann sinnvolle Vorschläge unterbreiten, wie dem abzuhelfen wäre. Es mag Ihnen sehr schwerfallen, eine positive Einstellung zu bewahren, wenn Sie auf ein akutes Problem hinweisen müssen. Doch falls die Mitarbeiter den Eindruck gewinnen, dass Sie sich immerfort beklagen, wird Ihr eigenes Leistungsvermögen stark eingeschränkt. Um andere konstruktiv zu kritisieren, kommt es vor allem darauf an, dass Sie stets positiv denken. Richten Sie Ihr Augenmerk auf Verbesserungen und Lösungen. Bestärken Sie die Kollegen in ihrer Fähigkeit, Korrekturen vorzunehmen und nützliche

Maßnahmen zu ergreifen. So wird man Sie nicht mehr als Nörgler betrachten, sondern als eine Quelle innovativen Denkens und positiver Veränderung.

TEAMARBEIT

Ein Team kennzeichnet sich durch das gemeinsame Engagement. Ohne dieses Engagement handelt jedes Mitglied als Einzelperson; mit ihm bilden alle zusammen eine starke Einheit zugunsten kollektiver Leistung.

Arthur R. Pell

Die Arbeit in der Gruppe bringt ständig neue Herausforderungen mit sich. Was Sie im Hinblick auf die anderen Mitglieder denken und fühlen, wird sich in Ihrer Einstellung ebenso widerspiegeln wie in der allgemeinen Atmosphäre, zu der Sie beitragen.

Das kreative Denken sollte stets gefördert werden. Es kann nicht nur praxisnahe Ideen entwerfen, sondern auch jenes Engagement bewirken, das für die reibungslose Umsetzung einer Idee oder eines Vorschlags notwendig ist.

Teams sind dann erfolgreich, wenn die Beteiligten in die täglichen Entscheidungen direkt mit einbezogen sind, wenn sie die erzielten Resultate deutlich sehen können und für außergewöhnliche Leistungen anerkannt werden.

Wie würde man Sie als Teamleiter einschätzen? Welche Qualitäten halten Sie für wichtig? Eine unter 5000 Angestellten durchgeführte Umfrage gab einige Aufschlüsse darüber, wie diese ihre Vorgesetzten beurteilten. Die Befragten arbeiteten in mehr als zwölf verschiedenen Firmen und Behörden. Sie hoben zehn wesentliche Qualitäten oder Eigenschaften hervor, die ihnen bei einem erfolgreichen Teamleiter als unabdingbar erschienen. Es wurden immer wieder die gleichen Merkmale genannt, unabhängig vom Geschlecht der leitenden Person, vom Alter, von der Größe oder Lage der Firma/Behörde, der Organisationsstruktur, der Unternehmenskultur.

Die folgende Liste fasst jene zehn Eigenschaften zusammen. Bewerten Sie jeweils sich selbst anhand einer der drei Kategorien: »stark«, »durchschnittlich« oder »schwach«. Bitten Sie anschließend fünf Kollegen, die Ihre Arbeitsweise gut kennen, Sie nach den gleichen Gesichtspunkten zu beurteilen.

1. Gibt klare Richtungen vor. ______
2. Unterstützt eine von offenem Austausch geprägte Kommunikation. ______
3. Ist bereit, die Mitarbeiter anzuleiten und zu ermutigen. ______
4. Zollt unvoreingenommen Anerkennung. ______
5. Führt immer wieder Kontrollen durch. ______
6. Wählt für die zu besetzenden Stellen die richtigen Leute aus. ______

7. Weiß genau, wie sich Entscheidungen in finanzieller Hinsicht auswirken. ______

8. Fördert neue Ideen und Innovationen. ______

9. Trifft klare Entscheidungen, wenn sie erforderlich sind. ______

10. Zeigt stets ein hohes Maß an Integrität. ______

Vergleichen Sie Ihre eigenen Bewertungen mit denen der anderen. Erörtern Sie jene Gebiete, wo sie voneinander abweichen. Finden Sie die Gründe dafür. Geben Sie Beispiele. Konzentrieren Sie sich hauptsächlich auf Ihre Schwächen, damit Sie systematisch an deren Beseitigung arbeiten können.

Ihre Einschätzung steht manchmal in scharfem Gegensatz zu der von Kollegen. Während Sie sich vielleicht für diplomatisch halten, betrachten jene Sie als gönnerhaft. Was Ihnen als behutsames Vorgehen erscheint, ist für die anderen einfach nur Unentschlossenheit. Möglicherweise sind Sie sich nicht bewusst, dass man Sie als abweisend und schwierig im Umgang empfindet. Unter Umständen merken Sie erst dann, wie Sie auf andere wirken, wenn Sie mit einer genauen Analyse Ihres Verhaltens konfrontiert werden.

WIE SIE IHRE ZWISCHENMENSCHLICHEN BEZIEHUNGEN WEITERENTWICKELN

Natürlich übt man vor allem dadurch einen positiven Einfluss auf andere aus, dass man intakte Beziehungen zu ihnen hat.

Die folgenden zehn Fragen werden Ihnen helfen, die eigene Person objektiver zu betrachten und herauszufinden, ob Ihr Arbeitsstil im Büro Zustimmung findet oder nicht. Beantworten Sie jede Frage mit »Ja« oder »Nein«. Seien Sie ehrlich. Rechtfertigen Sie Ihr Verhalten nicht. Auch wenn wir die Begleitumstände und Motive unseres Verhaltens kennen, nehmen die anderen doch hauptsächlich unsere Aktionen wahr.

1. Kritisieren Sie auf herablassende Weise? Ist Ihnen im Gespräch über Mitarbeiter in der Firma daran gelegen, sie zurechtzuweisen?

   Ja ______ Nein ______

2. Müssen Sie alles unter Kontrolle haben? Muss fast jede Angelegenheit zuerst mit Ihnen geklärt werden?

   Ja ______ Nein ______

3. Nehmen Ihre Kommentare bei Sitzungen unverhältnismäßig viel Zeit in Anspruch?

   Ja ______ Nein ______

4. Gehen Sie schnell zum Angriff über?

   Ja ______ Nein ______

5. Sträuben Sie sich dagegen, dass andere die gleichen Vorrechte oder Vergünstigungen haben wie Sie?

   Ja ______ Nein ______

6. Benutzen Sie in Ihren Ausführungen oft das Personalpronomen »Ich«?

   Ja ______ Nein ______

7. Werden Sie von den Kollegen bewundert wegen Ihrer Leistungskraft und Tüchtigkeit – und nicht wegen Ihrer Position oder Ihrem Status?

   Ja ______ Nein ______

8. Bezeichnen andere Sie als kühl und distanziert, obwohl Sie eigentlich von ihnen gemocht werden wollen?

   Ja ______ Nein ______

9. Halten Sie sich für wesentlich kompetenter als Ihre Mitarbeiter, Ihren Boss? Kommt das auch in Ihrem Verhalten zum Ausdruck?

   Ja ______ Nein ______

10. Macht es Ihnen Freude, Status- und Machtsymbole zu erwerben?

    Ja ______ Nein ______

Wenn Sie bei drei bis fünf Fragen mit »Ja« geantwortet haben, wird Ihr Verhalten wahrscheinlich als abweisend empfunden. Und wenn Sie bei sechs oder mehr Fragen mit »Ja« geantwortet haben, sind Sie möglicherweise mit einem ernsten Problem konfrontiert.

Die Art und Weise, wie andere Sie wahrnehmen, hat einen direkten Einfluss auf deren Arbeitsmoral. Falls hierbei Schwierigkeiten auftreten, sollten Sie insbesondere auch Ihre Einstellung untersuchen. Vielleicht sind da einige Änderungen nötig. Immer mehr Firmen greifen auf die Dienste von Coachs oder Beratern zurück, die Managern helfen, sich selbst so zu sehen, wie andere sie sehen, und ihnen neue Wege aufzeigen, es besser zu machen.

DIE ARBEITSMORAL HEBEN

Die Arbeitsmoral wird nicht verliehen. Doch wenn die Menschen in Ihrer Nähe selbstbewusst sind, ihre Karriereziele offen darlegen und das Gefühl haben, dass ihre Bedürfnisse nach Unterweisung und Anleitung beachtet werden, kann eine gute Arbeitsmoral herrschen. Diese entsteht dann, wenn sich zwischen Führungskräften und Angestellten eine Partnerschaft entwickelt. Bestärken Sie also die anderen, wann immer es Ihnen möglich ist; das wird die Arbeitsmoral heben.

Sobald die Untergebenen davon überzeugt sind, dass sie etwas in Gang bringen, über ihre Arbeit in gewissem Maße selbst bestimmen und an Entscheidungsprozessen teilnehmen, gehen sie umso beherzter ans Werk.

FÜHREN SIE VERÄNDERUNGEN HERBEI, EHE SIE DAZU GEZWUNGEN WERDEN

Veränderungen flößen oft Angst ein. Aber eine positive Einstellung kann Ihnen helfen, den Wandel in günstigerem Licht zu sehen. Obwohl er nicht so ohne Weiteres eintritt, empfinden Sie ihn vielleicht als weniger unangenehm, wenn Sie

- Ihre Laufbahn objektiv ins Auge fassen. In welcher Position befinden Sie sich jetzt? Wie sind Sie dahin gekommen? Wo werden Sie künftig sein, wenn Sie nichts ändern?

- neue, breitere Horizonte erforschen. Welche Veränderungen würden die Bedrohungen und Gefahren beseitigen, denen Sie heute ausgesetzt sind?
- Ihr Blickfeld erweitern. Um andere zu übertreffen, müssen Sie höher gesteckte Ziele verfolgen als jene.
- Ihre Optionen offenhalten. Setzen Sie Ihre ganz besonderen Fähigkeiten für zusätzliche Optionen ein.

Wer plant und vorbereitet, leistet mehr als jene, die das nicht tun. Um Unliebsames zu vermeiden, sollten Sie

- auf Ihrem Arbeitsgebiet ein Experte werden;
- genau wissen, welche Mittel Sie benötigen, wo und wie diese zu finden sind;
- Ihre Mittel so anwenden, dass sie den größten Nutzen, den höchsten Ertrag bringen;
- ein *objektives* Schema aufstellen, anhand dessen die Fortschritte bewertet werden können;
- einen realistischen Blick in die Zukunft werfen. Vertrauen Sie keinesfalls auf Meinungen, die nicht durch Tatsachen begründet sind;
- Ihre Zeit sorgfältig einteilen;
- ein Musterbeispiel der Selbstdisziplin darstellen;
- Abstand halten zu negativ eingestellten Menschen.

STEIGERN SIE IHRE FÄHIGKEITEN

Misserfolge resultieren eher aus Unentschlossenheit als aus falschen Entscheidungen.

Fast jeder hat schon einmal das Bedürfnis verspürt, die Richtung zu ändern. Vielleicht stößt man gerade an seine Grenzen - oder es bietet sich eine neue Gelegenheit. Vielleicht hat man es einfach satt, tagaus, tagein das Gleiche zu tun.

Was immer die Gründe für ein solches Ereignis sind, sollten Sie, wenn es eintritt, die folgenden drei Punkte beachten, um sich in der Phase des Übergangs auf Ihre Stärken zu besinnen.

1. *Rechnen Sie mit Hindernissen*. Bitten Sie um Kritik und Feedback. Wenn Ihre Überzeugungen hinreichend gefestigt sind, werden Sie die Mittel finden, um jedes Hindernis, das Ihnen im Weg steht, zu überwinden.

2. *Erwarten Sie keine Wunder*. Wenn Sie einen neuen Anfang wagen, so machen Sie sich bewusst, dass Fortschritte Zeit brauchen. Behalten Sie Ihr Endziel stets im Auge.

3. *Begnügen Sie sich nicht mit weniger als Ihrem Besten*. Streben Sie danach, Verantwortung zu übernehmen. Der Erfolg stellt sich dann ein, wenn Sie eine Tätigkeit ausüben, die Ihnen erlaubt, mehrere Fähigkeiten einzusetzen. Verzichten Sie nicht auf

das, was Sie am besten können. Entdecken Sie das Gleichgewicht zwischen Ihren Talenten und Ihren Interessen.

Charles Kettering, der Gründer von Delco und frühere stellvertretende Direktor von General Motors, war ein Selfmademan, Erfinder und Magnat, übertroffen nur von Thomas Alva Edison. Kettering besaß über 200 Patente und war insbesondere bekannt für seinen elektrischen Anlasser im Auto. Außerdem war er ein Pionier bei der Entwicklung des Dieselmotors, des Antiklopfmittels, der häuslichen Klimaanlage und des schnell trocknenden Autolacks.

Er hatte nur wenig Zeit für die traditionelle Ausbildung und meinte: »Allzu gelehrte Leute schienen am wenigsten geeignet, neue Entdeckungen zu machen, weil sie zu sehr darauf bedacht waren, so vorzugehen, wie es ihnen beigebracht worden war.«

Da Ketterings Augen schnell ermüdeten, lasen Klassenkameraden ihm laut vor; infolgedessen lernte er, seiner inneren Vision zu vertrauen und aus genauen Vorstellungen zu schöpfen. Seine positive Einstellung ermöglichte ihm, ungeachtet seiner Augenprobleme die eigenen Fähigkeiten voll einzusetzen. Manche würden behaupten, gerade wegen dieser Probleme erreichte er so viel.

GEHEN SIE ZWEIFLERN AUS DEM WEG

Optimisten sehen Möglichkeiten.
Pessimisten wollen nicht hinschauen.

Wenn die Personen, die Sie am meisten beeinflussen, ständig besorgt sind um das, was nicht machbar ist, werden Sie sich ihnen wahrscheinlich anschließen.

Zweifler und Schwarzseher bleiben so, wie sie sind – oder werden noch schlimmer. Meiden Sie diese »modrigen« Leute (aufgrund eines zu langen Aufenthalts im Dunkeln von einer Art Pilz befallen), wenn Sie glauben, dass die Lage sich bessern kann.

Im Jahre 1920 schrieb Robert Goddard, Physikprofessor an der Clark University in Worcester, Massachusetts, einen Aufsatz, in dem er der Überzeugung Ausdruck verlieh, der Mensch könne eine Rakete bauen, die bis zum Mond fliegt. Zeitungen in der ganzen Welt berichteten darüber. Einige davon waren nicht gerade freundlich. Die *New York Times* und der *London Graphic* zum Beispiel vertraten die Meinung, es sei ausgeschlossen, dass eine Rakete im All funktioniere, weil sie dort keine Schwerkraft zu überwinden habe. Ein anderer Aufsatz enthielt die rüde Bemerkung, Goddard mangle es an »Kenntnissen, die täglich an Highschools weitergegeben werden«. Er aber ließ sich dadurch weder beirren noch entmutigen. »Jede Vision ist ein Witz«, erklärte er, »bis jemand sie zum ersten Mal verwirklicht.«

Er erkannte, dass für die Funktionstüchtigkeit und den Antrieb der Rakete im All ein neuer Brennstoff nötig wäre. Also experimentierte er mit einer Mischung aus flüssigem Wasserstoff und flüssigem Sauerstoff. Der Wasserstoff würde die Rakete antreiben und der Sauerstoff die Luft ersetzen, um so den Kraftstoff am Brennen zu halten.

1926 startete Goddard eine von ihm gebaute, etwa drei Meter lange Rakete, die eine Geschwindigkeit von annähernd hundert Stundenkilometern sowie eine Höhe von gut zwölf Metern erreichte und zweieinhalb Sekunden in der Luft blieb. Er fühlte sich bestärkt, wusste aber, dass eine Rakete mindestens die Geschwindigkeit von 40 000 Stundenkilometern haben muss, um die Anziehungskraft der Erde zu überwinden. Er konstruierte mehrere Modelle bei Roswell, New Mexico, wo er Raketen mit gut vier, knapp fünf und fünfeinhalb Metern Länge auf eine Höhe von 600, 2300 und 2750 Metern brachte. Eine davon durchbrach die Schallmauer. Eine andere verfügte über eine ebenso ausgeklügelte wie revolutionäre Steuerungstechnik.

Während des Zweiten Weltkriegs benutzte man Goddards Technologie, um Raketen herzustellen, mit denen die Kampfflugzeuge bestückt wurden. Vor seinem Tod im Jahre 1945 besaß er 214 Patente und war anerkannt als Pionier der Raketenforschung. Nach wie vor gilt er als der Vater des Raumflugs. Er hatte alle Zweifler eines Besseren belehrt.

SCHAUEN SIE NACH VORN, NICHT ZURÜCK

Der Krieg gestattet kaum einen Irrtum. Befehlshaber, die im Nachhinein sich selbst kritisieren, sind meistens auf der Verliererseite. Entscheidungen müssen unverzüglich getroffen werden, und es steht sehr viel auf dem Spiel. Die Beispiele einiger der größten Befehlshaber in der Geschichte enthalten wertvolle Lektionen für jeden, der sich verbessern möchte.

Ulysses S. Grant. Über ihn sagte dereinst Präsident Abraham Lincoln: »Ich kann diesen Mann nicht entbehren. Er kämpft.« Auf die Bemerkung, dass Grant auch gern trinke, erwiderte Lincoln: »Nennen Sie mir seine Marke, sodass ich all meinen Generälen die gleiche schicken kann.« General William T. Sherman fügte hinzu: »Ich weiß über Strategie, Logistik und jeden Aspekt der Kriegsführung mehr als er (Grant). Doch in einem Punkt schlägt er mich und jeden anderen: Er stößt auf Probleme und sie machen ihm nichts aus. Er drängt immer weiter vorwärts.«

Hannibal. Die Römer kannten Hannibals Plan, eine Herde Elefanten über die Alpen bis nach Rom zu führen, hielten dies aber für unmöglich. Hannibal entgegnete: »Wir werden einen Weg finden oder uns einen Weg bahnen.« Und genau das tat er dann auch.

Admiral David Farragut. Bei der Schlacht in der Mobile Bay (Alabama) im August 1864 befehligte Farragut eine Flotte von vier Panzerschiffen und vierzehn Schiffen aus Holz. Als er während des Sezessionskriegs unter Beschuss der Südstaatler geriet, wurde sein wichtigstes Panzerschiff durch eine Mine zerstört. Die Flotte kam zum Stillstand. Einige Offiziere drängten Farragut zum Rückzug. Er aber ließ sich an der Takelage seines Flaggschiffs, der *USS Hartford*, festbinden, nahm Kurs Richtung Minenfeld und gab den berühmten Befehl: »Verflucht seien die Minen! Volle Kraft voraus!«

Mutige Menschen sehen der Angst ins Auge
und sagen: »Auf in den Kampf!«

Napoleon Bonaparte. Gefragt, wie es um sein Talent für Planung und Voraussicht bestellt sei, antwortete Napoleon: »Wenn ich immer gut vorbereitet scheine, dann deshalb, weil ich, bevor ich ein Unternehmen in Angriff nehme, lange darüber nachgedacht habe, um vorauszusehen, was geschehen mag. Es ist nicht die natürliche Begabung, die mir plötzlich und heimlich offenbart, was ich in Situationen, mit denen andere nicht gerechnet haben, tun sollte. Es ist das tiefe Nachdenken und die innere Vorbereitung.«

Man führt nicht durch Worte an,
sondern durch Taten.

5.

WIE SIE IHRE LEISTUNG MAXIMIEREN

Für den Erfolg ist die Einstellung genauso wichtig wie das Können.

Harry F. Banks

Die Einstellung bestimmt über das Verhalten. Dabei taucht als Erstes die Frage auf: Sind Sie ein verantwortungsbewusster Mensch?

ÜBERNEHMEN SIE VERANTWORTUNG FÜR IHR HANDELN

Peter Drucker macht klugerweise darauf aufmerksam, dass tüchtige Führungskräfte Charakter, Weitblick, Selbstsicherheit und Mut entwickeln müssen. Unternehmen, erinnert er uns, bestehen aus normalen Menschen, die gemeinsam außergewöhnliche Dinge zu tun haben. Das kann nicht geschehen, wenn sie die Verantwortung scheuen.

Mit anderen Worten: Man muss den Leuten beibringen, Verantwortung zu tragen.

Diese zu übernehmen mag Ihnen schwerfallen, aber wenn Sie ihr ausweichen – aus Angst, etwas falsch zu machen –, haben Sie versagt. Dauerhafter Erfolg erfordert die Bereitschaft, eine dringende Sache in die Hand zu nehmen – auf die Gefahr hin, dass man scheitert.

Mit unfehlbaren Urteilen ist niemandem gedient. Der Mensch, der immer richtig handelt, wurde bisher noch nicht geboren.

Dieser Sachverhalt wird illustriert durch das Beispiel einer Frau, die zur Marketingmanagerin aufgestiegen war. Während sie die erste Aufgabe in ihrer neuen Position zu Ende führen wollte, stellte sie schockiert fest, dass ihr ein gravierender Fehler unterlaufen war, der das Scheitern des Projekts zur Folge hatte und die Firma über 100 000 Dollar kostete. Als ihr Chef sie in sein Büro bestellte, entschuldigte sie sich und sagte: »Ich nehme an, Sie feuern mich jetzt«, woraufhin er erwiderte: »Sie feuern? Auf gar keinen Fall; ich habe gerade 100 000 Dollar für Ihre Schulung ausgegeben.«

ÜBERLEGEN SIE, BEVOR SIE ENTSCHEIDEN

Sie können Ihr Urteil schärfen und verbessern, indem Sie sich dazu erziehen, einige wesentliche Punkte zu beachten:

- Erübrigen Sie genügend Zeit, um die Dinge zu durchdenken. Wann immer Sie mit einem Problem konfrontiert sind, zügeln Sie den Drang, Hals über Kopf zur Tat zu schreiten. Ergründen Sie zunächst, worauf es wirklich ankommt. Versuchen Sie das Endergebnis vorherzusehen.

- Listen Sie für jede mögliche Lösung die Vor- und Nachteile auf, die Kosten und Risiken, die Schwierigkeiten und Widerstände, die auftauchen könnten.

- Seien Sie objektiv. Halten Sie sich an die Fakten. Wer sich um Fakten nicht kümmert, weil er sich bereits entschieden hat, will unbedingt Ärger haben.

- Lassen Sie Ihre persönlichen Vorurteile und Abneigungen aus dem Spiel. Bemühen Sie sich, die Reaktionen anderer Menschen zu visualisieren. Die geplante Aktion mag Ihnen äußerst sinnvoll erscheinen, aber wie denken die Mitarbeiter darüber? Und was hielten Sie an deren Stelle für am klügsten? Selbst die mit größter Sorgfalt angelegten Projekte drohen zu scheitern, wenn die Beteiligten nicht kooperieren. Betrachten Sie genau alle möglichen Wege, ehe Sie jenen wählen, dem Sie folgen.

- Finden Sie sich damit ab, dass Kritik unvermeidlich ist.

RECHNEN SIE MIT PROBLEMEN

Ein weit verbreiteter Fehler vieler Manager besteht darin, ein Problem zu ignorieren, statt sich damit auseinanderzusetzen und die Verantwortung für diese oder jene Entscheidung zu übernehmen.

Schließlich können Leute, die keine Entscheidungen treffen, nicht wegen ihrer falschen Urteile kritisiert werden. Der Generaldirektor eines großen Unternehmens, bekannt für seine Fähigkeit, Mitarbeiter zu fördern, geht über die meisten Fehleinschätzungen hinweg mit der stereotypen Bemerkung: »Okay, das liegt jetzt hinter uns. Was machen wir als Nächstes?«

Er ermutigt die Angestellten, eigenverantwortlich zu entscheiden, und die Führungskräfte, wirklich zu führen. Er will Taten und gewinnbringende Durchschnittsleistungen sehen - eine Firma, die Fortschritte macht, statt sich auf ihren Lorbeeren auszuruhen, weil die Angst vor Fehlern umgeht. In diesem Fall zeigt die Personalakte, dass er normalerweise seine Ziele erreicht.

Vergessen Sie nicht: Das Leben beruht auf vollbrachten Durchschnittsleistungen. Es ist niemals perfekt.

Was uns widerfährt,
ist weniger wichtig als das,
was wir bewirken.

NICHT NUR BEFEHLEN, SONDERN VOR ALLEM ERKLÄREN

Ganz gleich, auf welcher Sprosse der Karriereleiter Sie gerade stehen, sollte Ihnen bewusst sein, dass die Art und Weise, *wie* Sie etwas sagen, nicht minder wichtig ist als der Inhalt dessen, *was* Sie sagen. Ihre innere Einstellung gegenüber Angestellten und Mitarbeitern wird jedenfalls deutlich zum Ausdruck kommen. Vielleicht denken diese: »Ist das eine Arbeit, die mich einfach nur beschäftigen soll?« Oder: »Lädt die Chefin das bei mir ab, weil sie keine Lust hat, sich selbst darum zu kümmern?« Oder: »Ist das nicht bloß eine sinnlose Übung in Datensammlung, die nie das Tageslicht erblicken wird? Wird meine Arbeit auch nur die geringste Wirkung haben?« Von daher stellt sich die Frage: Wie nehmen die Menschen, mit denen Sie beruflich zu tun haben, Ihre Befehle, Anweisungen und Ideen auf?

Wenn Sie Mitarbeiter bitten, einen bestimmten Auftrag auszuführen, so teilen Sie ihnen unbedingt auch die Gründe dafür mit. Der Zeitaufwand und die Mühe lohnen sich sehr wohl. Eine stark beschäftigte Person verfällt nämlich leicht in die Gewohnheit, Anweisungen ohne Erklärung zu geben. Das erscheint als die einfachste und am schnellsten wirksame Methode, aber nur selten ist es auch die beste. Nehmen Sie sich also genügend Zeit, um zu erläutern, *warum* eine Sache erledigt werden muss. Das ist eine hervorragende Gewohnheit, die viele Vorteile bringt.

Somit verschwindet automatisch der Fluch, eine Art Tyrann zu sein. Wenn es gute Gründe für eine Aufgabe gibt, sind Sie in der Position desjenigen, der lediglich eine ebenso logische wie vernünftige Bitte äußert. Auf diese Weise wird der unangenehme Beigeschmack, der direkten Befehlen anhaftet, voll und ganz beseitigt.

Außerdem verringern Sie durch genaue Erklärungen die Fehlerquellen. Menschen, die verstehen, warum sie etwas machen, neigen weniger dazu, Fehler zu begehen. Und wenn die Situation sich dann ändert, sodass die betreffenden Aktionen nicht mehr notwendig sind, haben sie genügend Sachverstand, um innezuhalten und Sie darüber zu unterrichten.

Wenn die Mitarbeiter hingegen im Dunkeln tappen, fahren sie blindlings fort, das zu tun, was Sie ihnen aufgetragen haben. Gerade diese Unwissenheit bietet einen willkommenen Vorwand. Denn läuft etwas schief, können sie sich immer auf die Aussage zurückziehen: »Das wurde so angeordnet. Ich habe doch nur die Befehle ausgeführt.« Schlimmer noch, vielleicht haben sie Ihre Direktive anders aufgefasst, als Sie es sich vorstellten, und dann ahnungslos die falsche Richtung eingeschlagen.

Wenn Sie die Gründe Ihrer Wünsche darlegen, ist das ein Kompliment an jene Personen, die Sie aufgefordert haben, ihnen nachzukommen. Dadurch geben Sie zu erkennen, was Ihnen wichtig erscheint, liefern die nötigen Hintergrundinformationen und ermutigen die anderen, eigene Überlegungen anzustellen. Darüber hinaus versetzen Sie sie in die Lage, Vorschläge zu unterbreiten, die oft sehr nützlich sein können. Menschen sind keine Roboter. Ihr Denkvermögen wird nicht durch Knopfdruck aktiviert. Je mehr Sie sie wie intelligente und gescheite Wesen betrachten, desto besser werden ihre Ergebnisse sein.

Gewiss, es gibt Fälle, in denen die Gründe jedem so einleuchtend sind, dass sie keiner Erwähnung bedürfen. Dann wieder gibt es Notsituationen, in denen die Leute tun müssen, was ihnen gesagt wird, und zwar schnell. Nichtsdestotrotz bleibt die allgemeine Regel gültig: Wenn Sie jemanden zu etwas auffordern, so beleuchten Sie den Anlass.

SIE MÜSSEN IHRE KOLLEGEN GUT KENNEN

Eine genauere Untersuchung der Menschen, die im Beruf Erfolg haben, lässt darauf schließen, dass bei ihnen fast immer die folgenden vier Eigenschaften vorhanden sind. Sie haben

- die Neigung, gründlich nachzudenken und dann erst zu handeln;
- eine starke innere Antriebskraft;
- die Bereitschaft, Verantwortung zu übernehmen;
- die Fähigkeit, andere zu führen.

Das heißt, man lernt, die Talente und Leistungen der Kollegen zu erkennen - selbst dann, wenn diese sich ändern. Einige entwickeln sich weiter und machen Fortschritte, während andere in Selbstzufriedenheit und Apathie verfallen. Eine tüchtige Führungskraft hält mit diesen Veränderungen Schritt, ob zum Guten oder zum

Schlechten. Bewährte Mitarbeiter erledigen ihre Arbeit schon seit so langer Zeit, dass man sich nur schwer eine andere Tätigkeit für sie vorstellen kann. Sie beklagen sich nicht, also neigt man dazu, nicht weiter über sie nachzudenken.

In Wirklichkeit aber sind sie vielleicht über ihre Aufgabe hinausgewachsen und bereit, eine größere Sache in Angriff zu nehmen. Zahlreiche Angestellte, die in ihrer ursprünglichen Firma nicht vorankamen, haben stillschweigend eine Stelle anderswo akzeptiert und die früheren Mitarbeiter überrascht, indem sie dort schnell bessere Leistungen erzielten. Warum? Weil der neue Arbeitgeber ihre Fähigkeiten unbefangen beurteilte und ihnen eine Chance bot, sie einzusetzen.

Um zu verhindern, dass gute Leute enttäuscht werden, ist es notwendig, ihre sich entwickelnden Talente im Auge zu behalten. Machen Sie also Möglichkeiten ausfindig, wie diese genutzt werden können. »Der einzige Mensch, der sich vernünftig verhält«, sagte George Bernard Shaw, »ist mein Schneider. Jedes Mal, wenn er mich sieht, nimmt er von Neuem meine Maße. Alle anderen dagegen legen dauernd ihre alten Maßstäbe an.«

Gewiss, einige Menschen erreichen irgendwann die Grenzen ihrer Fähigkeiten. Höhere Anforderungen würden sie nur durcheinanderbringen. Aber die meisten lernen immer wieder dazu und entwickeln sich weiter - in einem viel höheren Grad, als es ihren Chefs bewusst ist. Diese Personen ständig mit Angelegenheiten zu betrauen, über die sie längst hinausgewachsen sind, kommt weder ihnen noch der Firma zugute.

Realistisch gesehen, hat die zu erledigende Arbeit absoluten Vorrang. Trotzdem gibt es oft Mittel und Wege, den Untergebenen mehr Herausforderungen zu bieten.

Was können sie, nachdem ihnen die bisherigen Aufgaben keinerlei Mühe bereiteten, sonst noch tun? Besteht die Möglichkeit, ihre Fähigkeiten in anderen Funktionen zu erproben? Ist es denkbar, ihren Verantwortungsbereich zu erweitern, wenn sie eine bestimmte Pflicht erfüllt haben? Vorausgesetzt, sie stellen ihr Können unter Beweis, sollten ihnen auf dem jeweiligen Gebiet komplexere Aufgaben übertragen werden. Dadurch bleiben sie zielstrebig und entwicklungsfähig.

Egal, welche Maßnahme Sie ergreifen - versuchen Sie nicht, die Menschen unterzubewerten. Ein neuer Blick auf deren Potenzial mag Sie überraschen. Stellen Sie sich diesen Mann oder jene Frau in schwierigeren Situationen vor. Es kommt nicht darauf an, wozu sie gestern fähig waren, sondern darauf, was sie heute oder morgen leisten können.

Als die Manager von General Motors erkannten, dass der Marktanteil des Unternehmens zurückging in einer Phase, da andere amerikanische Autohersteller gegenüber den japanischen aufholten, sicherten sie sich die Dienste eines Mannes namens H. Ross Perot, indem sie die Firma kauften, die er gegründet und in seiner Branche zum Marktführer gemacht hatte. Er war Einzelgänger, aber äußerst erfolgreich. Leider weigerten sich die Verantwortlichen bei General Motors, auf den Einzelgänger zu hören. Selbst als er den ebenso aufgeblähten wie lahmen Autohersteller einer Prüfung unterzog, arbeiteten die Topmanager daran, sich seiner zu entledigen. Er war ihnen ein Dorn im Auge. Hierbei handelte es sich um den scharfen Konflikt zwischen neuen Ideen und dem tief verwurzelten Hang zur Wiederholung, dem eingefleischten Widerwillen gegen Veränderung. Wie so oft siegte am Ende die Wiederholung.

Ermutigen Sie die Mitarbeiter, ihre eigenen Vorstellungen zum Ausdruck zu bringen, vor allem wenn diese von den Ihren abweichen. Die Unstimmigkeiten bringen Sie nicht nur auf neue Ideen, sondern gewähren Ihnen auch Einblick in die Art und Weise, wie die anderen Probleme angehen; dadurch können Sie wirksamer mit ihnen zusammenarbeiten.

Franklin C. Ashby

EINE POSITIVE EINSTELLUNG STEIGERT DEN WERTZUWACHS

Die Einstellung beeinflusst nicht nur die Arbeitsmoral, die Selbstachtung und das Verhalten, sondern auch ganz direkt den Nettogewinn. Als Manager haben Sie die Aufgabe, die Angestellten zu höchster Produktivität zu führen. Folgende Punkte sind dabei wesentlich:

1. Geben Sie die Informationen über Vorschläge oder zukunftsweisende Ideen seitens der Mitarbeiter an die obere Führungsebene weiter.

2. Ermuntern Sie die Menschen, kreativ zu denken und eine Atmosphäre zu schaffen, in der sie dafür weder ausgelacht noch kritisiert werden.

3. Rechnen Sie sich die Ideen der anderen nicht als Verdienst an. Wenn Sie einfallsreiche Personen würdigen, ohne deren Meriten für sich selbst zu beanspruchen, werden jene wahrscheinlich noch bessere Ideen haben.

4. Versorgen Sie die Untergebenen mit Arbeit, die ihnen wichtig erscheint. Nichts gibt mehr Auftrieb als der erfolgreiche Abschluss einer Tätigkeit, die deutliche Verbesserungen bringt.

5. Lassen Sie die Kollegen wissen, dass sie dazugehören. Helfen Sie ihnen zu verstehen, warum und inwiefern es etwas Besonderes ist, mit Ihrer Firma verbunden zu sein.

6. Regen Sie das Nachdenken über die Bedeutung dessen an, was Ihre Arbeitsgruppe leistet. Allzu oft sind diese Menschen von der eigenen Arbeit nicht angetan, weil sie meinen, niemand kümmere sich darum oder alle dächten: »Das kann doch jeder.«

7. Vergessen Sie nicht: Obwohl die Angestellten des Geldes wegen arbeiten, wünschen sich doch die meisten, mit einbezogen und anerkannt zu werden, dazuzugehören und etwas zu leisten. Aufgrund dieser Vorteile werden sie wohl weniger zwanghaft an den bloßen Gelderwerb denken – zumal wenn ihnen ein vernünftiges Maß an ausgleichender Gerechtigkeit gewährt wird.

Die Fähigkeit bezeichnet das,
was man zu tun imstande ist.
Die Motivation entscheidet darüber,
was man tut,
und die Einstellung darüber,
wie gut man dabei ist.

Lou Holtz

DER GENERATIONSUNTERSCHIED

Heute wird oft erklärt, dass hinsichtlich der Einstellung zur Arbeit ein Generationsunterschied bestehe. Dieser beträfe dann auch die Einstellung zur Autorität sowie zur Berufserfahrung als wesentliche Voraussetzung für die Karriere.

Professor Quinn Mills von der Harvard University hat in zahlreichen Forschungsarbeiten jene Merkmale untersucht, die mit der Produktivität zusammenhängen, und herausgefunden, dass hierbei tatsächlich der Altersunterschied eine entscheidende Rolle spielt, dass jedoch die Wertvorstellungen im Allgemeinen übereinstimmen – ungeachtet des ethnischen Hintergrunds, der wirtschaftlichen Bereiche und verschiedenen beruflichen Aufgaben. Aufgrund einer Reihe von Umfragen und Gesprächen mit mehr als tausend Managern und ebenso vielen Angestellten in amerikanischen Firmen stellte die Harvard-Studie folgende Generationsunterschiede fest:

- Die ältere Generation, hervorgegangen aus der Periode des Zweiten Weltkriegs, bejaht Autorität. Die Mitglieder der jüngeren Generation dagegen – gemeinhin als »Babyboomer« bezeichnet und in der Zeit des Vietnamkriegs aufgewachsen – kennzeichnen sich dadurch, dass sie der Autorität misstrauen.

- Die ältere Generation betrachtet die Arbeit einerseits als Pflicht, andererseits als Mittel, durch das man seinen Lebensunterhalt verdient und die Familie ernährt. Im Unterschied dazu vertritt die jüngere Generation die Auffassung, dass die Arbeit Spaß machen, angenehm und mehr auf das Zusammenleben in der Gemeinschaft gerichtet sein solle. Das heißt, für die jüngeren Menschen ist der Arbeitsplatz - neben dem Fitnessstudio - zu einem wichtigen Treffpunkt geworden.

- Die ältere Generation hält die Erfahrung um einer Beförderung willen für notwendig und ist bereit, einige Lehrjahre zu verbringen - in der Hoffnung, später dafür belohnt zu werden. Demgegenüber sieht die jüngere Generation keinen Grund, in Wartestellung zu verharren; sie geht davon aus, dass man in dem Maße vorankommen sollte, wie die Leistung es erlaubt.

- Die ältere Generation glaubt an Taktgefühl, während die jüngere Generation Ehrlichkeit und Offenheit bevorzugt. Für sie ist Taktgefühl gleichbedeutend damit, dass Probleme vermieden und verschleiert werden.

- Die ältere Generation ist davon überzeugt, dass Fairness auf der Gleichbehandlung aller beruht. Nach Ansicht der jüngeren Generation aber erfordert ein fairer Umgang, dass jedem Individuum das Recht zum Anderssein eingeräumt wird.

- Die ältere Generation legt Wert auf Besitz und gesellschaftliche Stellung, die jüngere Generation darauf, neue Erfahrungen zu machen.

Seit Beginn jener Untersuchung ist die im Zweiten Weltkrieg aufgewachsene Generation allmählich in den Ruhestand gegangen, sodass jetzt die Generation der »Babyboomer« in den Führungspositionen vorherrscht. Deren Kinder und Enkel, in den Vereinigten Staaten oft »Gen-X« und »Gen-Y« genannt, haben wiederum eine andere Einstellung zum Leben. Sie neigen noch mehr zum eigenständigen, unangepassten Denken und widersetzen sich häufig der Autorität. Während sie in den ersten Jahren des 21. Jahrhunderts ihre Arbeit aufnehmen, müssen Manager weitere Kenntnisse über ihre Erwartungen und Anschauungen gewinnen, um wirksam mit ihnen umgehen zu können.

Die Unterschiede zwischen den Generationen fallen zunehmend stärker ins Gewicht, da bei sinkenden Geburtenraten der Anteil der jüngeren Berufstätigen abnimmt. Solche Abweichungen müssen wir genau im Auge behalten, zumal wenn der Mangel an verfügbarer Arbeit zu einem immer ernsteren Problem wird.

Ob Sie es glauben oder nicht: Auch die Unerfahrenheit hat einige Vorteile. Falls Sie an der Eignung junger Leute ohne spezifische Berufserfahrung zweifeln und diese nur ungern einstellen, sollten Sie einmal in Betracht ziehen, wie Patrick Kelly und Bill Riddell bei der Firma Physician Sales and Services die Sache handhaben und daraus Kapital schlagen. Beide sind nämlich überzeugt, dass Routineaufgaben von unerfahrenen Personen mit viel mehr Leidenschaft erledigt werden können - wenn diese wissen, es gibt einen Stufenplan für ihren beruflichen Aufstieg.

»Wir begeistern sie für die Vorstellung, dass ihre jetzige Tätigkeit vorübergehend ist«, sagt Riddell. »Sechs Monate - nicht zwei Jahre - sind ein vernünftiger Zeitraum, in dem sie damit rechnen können, etwas Neues zu machen.« Das hat zur Folge, dass die Firma über hoch motivierte junge Männer und Frauen verfügt, die Lieferwagen fahren und Böden wischen.

Außerdem glauben die beiden Manager, dass man den Menschen zeigen müsse, wie sie eine Arbeit »auf ganz eigene Weise« ausführen können. Ihrer Meinung nach müssen die meisten Angestellten, die zuvor in anderen Firmen beschäftigt waren, erst einmal gewisse Einstellungen ablegen. Das heißt, sie müssen vieles von dem, was sie gelernt haben, wieder verlernen, um so weiter voranzukommen.

Riddell hat Folgendes entdeckt: »Indem man unerfahrene Leute einstellt, kann man seine Unternehmenskultur besser und schneller ausbauen.« In den Fällen, in denen er und Kelly Menschen mit viel Erfahrung oder einem großen Sachwissen auf ihrem Gebiet einstellen, werden diese von anderen, die nur wenig Erfahrung haben, förmlich umringt. Auf diese Weise können die beiden Chefs eine Arbeitsgruppe in genau jene Richtung lenken, die sie rasch einschlagen soll.

Ein weiteres gutes Beispiel ist die Firma Rent-a-Car, die jedes Jahr über 7000 Trainees von 220 Universitäten auf der ganzen Welt anwirbt. Diese Auszubildenden beginnen ganz unten, waschen Autos und holen Kunden ab. Die Erfolgreichen unter ihnen erledigen solche niedrigen Arbeiten ebenso bereitwillig wie leidenschaftlich, weil sie um die Möglichkeit wissen, auf der Karriereleiter geschwind nach oben zu steigen.

Wer wenig erreichen will, muss nur wenig opfern.
Wer aber viel erreichen will, muss viel opfern.

James Allen

6.

WIE SIE IHRE FÄHIGKEITEN IM ZWISCHENMENSCHLICHEN BEREICH WEITERENTWICKELN

Durch eine positive Einstellung findet man schnell jene Möglichkeiten heraus, die zu den besten Ergebnissen führen.

Die größten Probleme am Arbeitsplatz gehen nicht auf fehlende Sachkenntnis zurück, sondern auf mangelnde Fähigkeiten im Umgang mit Menschen. Erfolg und Misserfolg hängen davon ab, wie Sie sich gegenüber den Mitarbeitern verhalten. Die meisten Situationen sind nicht kompliziert und können durch ein paar sehr einfache Maßnahmen verbessert werden.

- *Seien Sie rücksichtsvoll.* Sie üben dadurch Rücksicht, dass Sie pünktlich zur Arbeit kommen, die für Mahlzeiten und andere Pausen zugeteilte Zeit nicht überschreiten, private Telefongespräche und E-Mails auf ein Minimum beschränken, persönliche Probleme zu Hause lassen, das Eigentum der anderen respektieren, keine Zeit verschwenden, schädlichen Klatsch vermeiden, Ihre Kleidung den vernünftigen, allgemein geltenden Richtlinien anpassen und Diskretion wahren.

- *Informieren Sie Vorgesetzte und Mitarbeiter über heikle Angelegenheiten, bevor daraus schwerwiegende Probleme werden.* Schieben Sie eine brenzlige Sache nicht so lange auf, bis selbst das Stadium der Krise überschritten und fast nichts mehr dagegen zu unternehmen ist.

- *Ergreifen Sie die Initiative.* Respektieren Sie dabei die jeweiligen Entscheidungs- und Befehlsbefugnisse, wenn genau das von Ihnen erwartet wird, aber leisten Sie den anderen Beistand, wann immer Sie dazu in der Lage sind.

Tun Sie so, als hätte jeder Mensch, der Ihnen begegnet,
ein Schild um den Hals, auf dem steht:
GIB MIR DAS GEFÜHL, WICHTIG ZU SEIN.
Dann werden Sie nicht nur beim Verkauf Erfolg haben,
sondern im Leben überhaupt.

Mary Kaye Ash

SICH AUF VERÄNDERUNGEN VORBEREITEN

Der Fortschritt beruht fast immer auf Veränderung. Ihre Einstellung entscheidet zum großen Teil darüber, wie Sie sich auf diese Veränderung vorbereiten und mit der ungewohnten Situation zurechtkommen.

Veränderung ist nicht angenehm. Sie versetzt uns in einen Zustand der Ungewissheit und des Unbehagens. Selbst wenn sie vernünftig und logisch erscheint, fragt man sich: »Wer weiß, wie die Sache ausgeht? Warum belasse ich nicht einfach alles beim Alten?«

Offenbar widersetzen wir uns instinktiv neuen Ideen, die unserem Leben möglicherweise eine andere Richtung geben; zugleich aber erkennen wir sehr wohl, dass diejenigen, die keine Experimente wagen, hinter den anderen zurückbleiben. Folgende Strategien können im Hinblick auf vorzunehmende Änderungen durchaus hilfreich sein:

- Versuchen Sie einzusehen, dass neue Ideen einer gerechten Prüfung unterzogen werden. Vertreten Sie sie nicht so, als handle es sich dabei um einen radikalen oder gar revolutionären Ansatz, den Sie sofort in die Praxis umsetzen wollen. Behandeln Sie sie vielmehr wie Alternativen, die zur Diskussion stehen.

- Betonen Sie die Ähnlichkeiten mit früheren Projekten, die Sie oder andere erfolgreich durchgeführt haben. Lassen Sie die Leute darüber nachdenken. Bringen Sie dann das Thema erneut zur Sprache.

- Nennen Sie weitere Vorteile, die Ihnen aus bereits geglückten Unternehmungen erwachsen sind, aber drängen Sie nicht zu sehr. Stellen Sie die Innovation als eine interessante Möglichkeit dar. Hören Sie auf andere Meinungen. Einige kleine, nach und nach vorgenommene Änderungen sind vielleicht weniger beängstigend als ein tiefgreifender Einschnitt.

- Wenn Ihre Pläne offensichtlich auf hartnäckigen Widerstand stoßen, mag es ratsam sein, sie eine Zeit lang auf Eis zu legen. Doch vergessen Sie sie nicht. Geben Sie ihnen dann eine Form, die weniger Einwände hervorruft oder dem Timing besser entspricht. Bedenken Sie, dass Sie mit Logik allein den Kampf nicht gewinnen. Einigen Leuten können Sie vielleicht die Veränderung aufzwingen, aber nicht die Freude daran. Tun Sie Ihr Bestes, um Feedback zu bekommen, ehe Sie die Sache gewaltsam durchsetzen.

Die Veränderung trägt wesentlich zum Fortschritt bei, ist aber nur selten leicht zu bewerkstelligen. Dies von vornherein zu erkennen ist wichtig, weil man so den Schwierigkeitsgrad besser einschätzen kann. Eine positive Einstellung zum Wandel wird Ihnen - und allen Personen ringsum - jedenfalls helfen, ihn müheloser zu akzeptieren.

WIE MAN DEN WIDERSTAND GEGEN VERÄNDERUNGEN ÜBERWINDET

Widerstand gegen berufliche Veränderungen kann auf vielerlei Weise zum Ausdruck kommen - zum Beispiel in häufigen Ausfällen und Wechseln am Arbeitsplatz, in Gesuchen um Versetzung, Klagen, geringerer Kooperationsbereitschaft, in der Abneigung, ein neu eingeführtes System voll zu unterstützen, und in verminderter Produktivität. Dieser Protest zeigt sich am deutlichsten, wenn der Verlust des Arbeitsplatzes droht, die Entwertung der eigenen Fähigkeiten oder ein Gehaltsabzug.

Die beiden zuverlässigsten Methoden, für neue Ideen immer wieder Rückendeckung zu erhalten, bestehen darin, die Mitwirkung der Kollegen zu fördern und deren Ressentiments vorzubeugen.

Die Mitwirkung der anderen fördern

Mit welchen schleichenden Problemen sind Sie momentan konfrontiert? Können Sie deren Gründe ausfindig machen? Haben Sie begonnen, daran zu arbeiten? Ob Sie gerade ein ernstes Problem zu lösen versuchen oder Routineangelegenheiten erledigen - für Ihren abschließenden Erfolg werden die Vorschläge der Mitarbeiter von größter Wichtigkeit sein.

Gute Führungskräfte verstehen und erkennen an, dass die meisten Menschen gerne etwas vorschlagen. Tun sie das nicht, haben ihnen die Vorgesetzten auf die eine oder andere Weise klargemacht, dass sie an ihren

Beiträgen nicht wirklich interessiert sind. Die Folge? Die Kollegen verschwenden nicht viel Zeit damit, über neue und bessere Verfahren nachzudenken.

Ungeachtet dessen, wie klug Sie sein mögen, ist es ein Fehler, die geistigen Fähigkeiten und Ideen der Menschen zu ignorieren, die mit Ihnen zu tun haben. Wer Tag für Tag eine bestimmte Arbeit ausführt, kann am besten ersehen, wie sie noch effizienter zu erledigen wäre. Wenn man diese Person ein wenig ermutigt, wird sie wahrscheinlich einige ausgezeichnete Ideen zu bieten haben.

Führungskräfte werden nicht nur aufgrund ihrer Leistung beurteilt, sondern auch hinsichtlich der gesamten Bemühungen ihres Teams. Manager, denen es nicht gelingt, ein Arbeitsklima zu schaffen, in dem Angestellte zu eigenständigem Denken und innovativen Lösungen angeregt werden, können deren Potenzial niemals ermessen.

Ist Ihnen aufgefallen, dass die tüchtigsten Manager oft die fähigsten Assistenten haben? Das ist mehr als ein bloßer Zufall. Sie arbeiten nämlich gezielt darauf hin, diese in ihrer Entwicklung zu fördern, und legen ihnen nahe, kreativ zu sein, Verantwortung zu übernehmen und so die persönliche Leistung zu verbessern.

Weitere Vorschläge bekommen Sie am ehesten dann, wenn Sie einfach darum bitten. Taucht ein Problem auf, so besprechen Sie es mit den Beteiligten und lassen jeden etwas dazu sagen. Den meisten gefällt es, um Rat gefragt zu werden. Bekunden Sie Ihre Anerkennung für alle Hinweise, die man Ihnen gibt, und nehmen Sie sich Zeit, darüber nachzudenken. Vermitteln Sie den anderen ein Gefühl von Befriedigung, indem Sie vor Ihrer Antwort einen taktvollen Moment lang innehalten.

Wie man Vorschläge ablehnt, ohne Ressentiments hervorzurufen

Margo Marston rief ihre Mitarbeiter zusammen, um ein Problem zu besprechen. Diane, eine neue Kollegin, schlug eine Lösung vor. Margo erwiderte sofort: »Das haben wir schon ausprobiert und es hat nicht funktioniert.« Tatsächlich war bereits - erfolglos - etwas Ähnliches versucht worden, aber Diane interpretierte die Äußerung ihrer Chefin so: »Sie hält nichts von meinen Ideen.« Nicht nur war sie darüber verärgert, ihr schien auch, dass es keinen Sinn mache, Ideen zu präsentieren, wenn diese automatisch übergangen werden.

Wie hätte Margo den Vorschlag ablehnen können, ohne bei Diane eine negative Reaktion auszulösen?

1. *Tun Sie es unter vier Augen.* Weisen Sie Vorschläge niemals in Gegenwart von anderen Mitarbeitern zurück. Danken Sie der betreffenden Person für die Anregung mit dem Hinweis, dass Sie darauf zurückkommen werden. Treffen Sie sich dann so bald wie möglich mit ihr, um den Vorschlag näher zu erläutern. Wenn sie ihn wiederholt, erklären Sie: »Wir haben etwas Ähnliches schon vor zwei Jahren versucht, sind dabei aber auf ernste Schwierigkeiten gestoßen.« Beachten Sie den Unterschied in der Wortwahl. Die Aussage »Es hat nicht funktioniert« stellt ein endgültiges Urteil dar. Es gibt keine Chance, noch irgendetwas zu retten. Der zweite Ansatz: »Wir sind dabei auf Schwierigkeiten gestoßen«, lässt dagegen Raum für weitere Alternativen. Die andere Person fragt vielleicht, worin diese Schwierigkeiten bestanden, und

sobald ihr die Hintergründe klar werden, mag sie bekennen: »Daran habe ich nicht gedacht. Ich sollte mir das Ganze noch einmal genauer überlegen.« Oder sie sagt: »Ich habe diese Möglichkeit schon in Betracht gezogen und einige Ideen entwickelt, wie wir so etwas in Zukunft vermeiden können.«

2. *Stellen Sie die richtigen Fragen*. Sokrates hat zu keinem seiner Schüler gesagt, dass er sich irre. Wenn einer die falsche Antwort gab, stellte Sokrates eine weitere Frage. Indem er diese genau formulierte, veranlasste er seine Schüler, das Problem gründlich zu durchdenken und so die richtige Lösung zu finden. Folgen Sie dem Beispiel jenes großen Lehrmeisters. Indem Sie Ihren Gesprächspartner auf präzise Weise befragen, ermöglichen Sie ihm, noch einmal zu überlegen, die ganze Angelegenheit neu einzuschätzen und eine brauchbarere Lösung zu finden. Aufgrund dieser klugen Befragung kann er wiederum seine ursprüngliche Idee überprüfen und sie durch eine bessere ersetzen.

Wenn Sie einen Vorschlag ablehnen, so tun Sie es auf behutsame Art. Lassen Sie keinen Zweifel daran, dass Sie die Idee zu schätzen wissen und weitere Ideen erwarten. Die nächste mag ganz einfach großartig sein.

Bedanken Sie sich für die Anregung
und würdigen Sie eine positive Einstellung.
Dadurch können Sie auch Ihre eigenen Fähigkeiten
jeden Tag überprüfen.

7.

PROBLEME GEMEINSAM LÖSEN

Tue, was du kannst, mit dem, was du hast,
wo immer du auch bist.

Theodore Roosevelt

WENN ETWAS SCHIEFGEHT

Die Umstände ändern sich. Fehler sind unvermeidlich. Wenn eine Sache nicht klappt, ist es am besten, innezuhalten und nachzuforschen. Behalten Sie eine positive Einstellung bei: Geben Sie nicht überhastet irgendjemandem die Schuld an irgendetwas. Finden Sie zunächst heraus, was wirklich geschehen ist. Stellen Sie Fragen – ruhig, langsam und überlegt.

Wenn Sie sich aufregen und emotional werden, wird alles nur noch schlimmer. Bestrafung ist die schlechteste Motivation, weil sie dazu führen kann, dass die Gescholtenen sich vor jeder Verantwortung für eventuelle künftige Irrtümer drücken.

Das Ziel besteht darin, den Menschen nicht das Gefühl zu geben, sie seien schuldig oder unfähig, und sie zu einer besseren Leistung anzuspornen, indem man ihnen versichert, dass sie sehr wohl über das nötige Know-how verfügen. Mit anderen Worten: Seien Sie ein freundlicher Friedensstifter. Helfen Sie den Angestellten bei der Suche nach Fehlern. Vergewissern Sie sich, dass ihnen einsichtig wird, warum sie sich bei ihrer Tätigkeit mehr anstrengen müssen.

Widerstehen Sie der Versuchung, vorschnell Kritik zu üben. Wenn die Kollegen schlechte Arbeit leisten, so stellen Sie Fragen, um auf die Ursachen zu stoßen. *Greifen Sie dann die Ursachen an, nicht die Person.*

Häufig müssen wir mit Menschen zusammenarbeiten, die nicht so sind wie wir und uns vielleicht gar nicht mögen. Dennoch kommt es darauf an, wirksam zu kooperieren und Mittel zu finden, wie Konflikte vermieden werden können. Folgende Hinweise werden Ihnen dabei helfen:

- *Machen Sie ein Kompliment.* Vielleicht sagen Sie: »Gute Idee. Könnten Sie das genauer ausführen und es mir etwas klarer machen?« Die feindlich gesinnte Person hat oft zu wenig Selbstachtung, braucht aber das Gefühl, wichtig zu sein.

- *Lassen Sie sich nicht zu Streitereien hinreißen.* Die Konfrontation veranlasst den Gegner dazu, noch heftiger zu werden. Indem Sie ihm diesen Anreiz nehmen, wird er gleichsam entwaffnet. Suchen Sie nach Bereichen, in denen Übereinkunft herrscht, auch wenn sie schwer zu finden sind.

Die ungünstigste Reaktion auf Feindseligkeit ist die Demütigung. Falls Sie jemanden erniedrigen, haben Sie einen Widersacher mehr, dessen können Sie sicher sein.

DER UMGANG MIT KONFLIKTEN

Feindseligkeit ist nicht die einzige Haltung, der man im Leben zwangsläufig begegnet. Widerspruch und Konflikt sind ebenso unvermeidlich. Keines von beiden ist an sich erschreckend. Auch hier hat die Einstellung eine regulierende Funktion. Die Frage lautet also: Spiegelt sich in unserem Verhalten die Auffassung wider, dass Widerspruch und Konflikt um jeden Preis vermieden werden müssen - oder glauben wir, dass manchmal der Konflikt fruchtbar und der Widerspruch hilfreich sein kann?

Erfolgreiche Menschen wenden bestimmte Methoden an, um die negativen Auswirkungen von Konflikten möglichst gering zu halten. Die folgenden Richtlinien haben sich als äußerst nützlich erwiesen:

1. Es ist äußerst wichtig, die Gegner direkt miteinander in Kontakt zu bringen. Nur so können Sie sicher sein, deren jeweilige Position zu kennen.

2. Verheimlichen Sie nicht Ihre Standpunkte. Legen Sie diese schon bei der ersten Sitzung offen. Wenn Sie die konfliktgeladene Beziehung als Erster in den Griff bekommen, sind Sie bereits auf dem Weg zu einer Einigung.

3. Reduzieren Sie die Unterschiede in der Rangordnung auf ein Minimum. Wenn Sie sich mit einem Konflikt direkt auseinandersetzen, ist es am besten, die gegnerischen Parteien auf der gleichen, von Vernunft bestimmten Ebene zu halten.

4. Geben Sie nicht jemandem die Schuld. Denn auf der Suche nach einer Lösung hat das keinen Sinn.

5. Behandeln Sie den Konflikt so sachlich wie möglich. Allzu oft mischen sich Führungskräfte in Konflikte ein, die von den Angestellten selbst bereinigt werden sollten. Natürlich gibt es Situationen, in denen Sie eingreifen müssen, aber wenn Sie das ständig tun, werden Sie zum Schiedsrichter und vergeuden damit viel kostbare Zeit.

6. Legen Sie sich nicht sofort auf eindeutige Lösungen fest. Zwar kann sich die Lage weiter verschlechtern, wenn Sie zu lange abwarten, doch ein gewisser zeitlicher Abstand mag den Beteiligten helfen, ihre Optionen offenzuhalten und hinsichtlich der endgültigen, besten Lösung flexibler zu sein.

7. Stellen Sie fest, auf welchen Gebieten Übereinstimmung besteht. Listen Sie zu diesem Zweck schon frühzeitig die Punkte auf, mit denen sämtliche Parteien einverstanden sind.

8. Heben Sie die Vorteile hervor, die alle Beteiligten aus einer gemeinsamen Lösung ziehen. Dadurch treten die Gründe für eine Zusammenarbeit umso deutlicher zutage.

9. Bedienen Sie sich einer Ausdrucksweise, die weder bewertet noch verurteilt. Manchmal offenbart unser Sprachgebrauch Gefühle, deren wir uns gar nicht bewusst sind.

10. Wenn die Auseinandersetzung durch Fehler heraufbeschworen wurde, so drücken Sie sich präzise aus. Vermeiden Sie Gemeinplätze und summarische Bemerkungen wie: »Sie scheinen *immer* zu widersprechen.« Oder: »Sie sind *niemals* hilfreich.«

11. Gehen Sie Bündnisse ein, um künftige Konflikte zu bewältigen. Indem Sie auf früheren Erfolgen aufbauen, sind Sie dafür in einer günstigeren Ausgangsposition.

12. Untersuchen Sie zunächst Ihre eigenen Vorurteile und Stimmungen. Achten Sie darauf, dass diese Ihren Wunsch nach einer befriedigenden Lösung nicht durchkreuzen.

KRITIK ÜBEN

Ihre Kritik mag wesentlich leichter zu ertragen sein, wenn Sie folgende Methoden anwenden:

- Wählen Sie zunächst einen positiven Ansatz, indem Sie Ihr Gegenüber zu einer Einschätzung der bisher erzielten Erfolge und der dabei unternommenen Schritte auffordern.

- Sprechen Sie dann über jene Projekte, die misslungen sind. Fragen Sie, was man hätte tun können, um die Fehler zu vermeiden.

- Teilen Sie mit, wie die Aufgabe Ihrer Meinung nach besser hätte erledigt werden können.

- Fragen Sie, welche Anleitungen oder Hilfestellungen Sie geben können.

- Stimmen Sie mit bestimmten Maßnahmen überein, die ergriffen werden müssen, um in Zukunft bessere Resultate zu erzielen.

AUF KRITIK REAGIEREN

Jeder Narr kann kritisieren,
verurteilen, sich beklagen –
und genau das tun die meisten Narren auch.

Dale Carnegie

Über Konfliktlösungen nachzudenken ist eine Sache. Eine ganz andere Sache ist es, sich die Frage zu stellen: »Kann ich aus der Kritik Nutzen ziehen?« Die Art und Weise, wie wir Kritik annehmen oder ablehnen, hängt eher von unserer Einstellung als unserem Können ab.

Setzen Sie sich mit den Ursachen auseinander

Sie profitieren von der Kritik am meisten, wenn Sie imstande sind, deren Gründe zu erkennen und einzuschätzen. Ist jene Person, die Kritik übt, aufgrund ihres Wissens, ihrer Erfahrung und ihres Informationsstands tatsächlich qualifiziert? Welche Leistungen hat sie vorzuweisen? Ist die jetzige Kritik vergleichbar mit früheren Beanstandungen? Wurde sie schon einmal vorgebracht?

Wenn ja - ist sie heute noch berechtigter als damals? Analysieren Sie die Ursachen: Wer gewinnt und wer verliert, wenn Sie kritisiert werden? Ist dieser Vorwurf die Folge eines anderen Ereignisses? Worum ging es dabei? War der kritisch eingestellte Mensch durcheinander, wütend, rasend - oder ausgeglichen, ruhig, gefasst? Im letzteren Fall hat die Kritik wohl einiges für sich, und darauf sollten Sie wohl ruhiger reagieren.

Wenn Sie die Kritik zu Ihrem Vorteil nutzen möchten: Was tun Sie, um sich von den Anfeindungen zu erholen? Diese Frage ist wichtig für Manager und leitende Angestellte - denn sie werden umso anfälliger, je mehr Fehler man ihnen vorhält -, zugleich aber auch sinnvoll für diejenigen, die noch nicht in so einer Position sind. Wie Sie nach einem Angriff neue Kraft schöpfen, ist jedenfalls von größerer Bedeutung als der Angriff selbst.

Im Kern geht es einfach darum, ob Sie widerstandsfähig sind. Kommen Sie nach einem Niederschlag rasch wieder auf die Beine? Wer nie eine Führungsposition innehatte, beneidet manchmal »jene da oben« wegen der Belohnungen, die sie gewöhnlich erhalten. Diese

Sichtweise spart jedoch die dort auftauchenden Probleme und Hindernisse aus.

Erfolg beruht zum großen Teil darauf, wie gut man gerade die unangenehmen Aufgaben bewältigt. Leute, die sich auf leichte Tätigkeiten konzentrieren und die schwierigeren, lästigeren Pflichten meiden, wollen letztlich Ärger haben. Die Herausforderung besteht darin, beide Bereiche wiederholt aufeinander abzustimmen.

Wenn Sie aus dem Gleichgewicht geraten, sollten Sie innehalten. Greifen Sie das heikelste Problem heraus. Erforschen Sie es so genau wie möglich und versuchen Sie, ihm abzuhelfen. Wenn Sie es gelöst oder zumindest Ihr Bestes dafür getan haben, wählen Sie ein weiteres und arbeiten daran. Zerlegen Sie den Elefanten, ehe Sie anfangen, ihn zu verspeisen.

Nehmen und behandeln Sie jedes Problem so, wie es kommt. Geben Sie sich größte Mühe. Anspannung und Sorge hingegen zehren nur die Kräfte auf und führen zu nichts.

Nachdem Sie die mehr oder wenige scharfe Kritik verarbeitet haben, können Sie daraus tatsächlich Nutzen ziehen. Doch wird das kaum geschehen, solange es Ihnen nicht notwendig erscheint, dazuzulernen und Fortschritte zu machen. Dies trifft auf uns alle zu.

In jeder Firma gibt es zwangsläufig Meinungsverschiedenheiten. Führungskräfte, die sich immer wieder daran erinnern, wer ihnen widersprochen hat, und deswegen tiefen Groll hegen, werden sich selbst zum schlimmsten Feind.

Beherzigen Sie die Warnung: »Achte darauf, wen du bei deinem Aufstieg kränkst, denn du weißt nie, wer beim Abstieg dein Boss sein wird.« Finden Sie heraus, warum einige Kollegen Ihnen gegenüber vielleicht vorsichtig sind. Manchmal beobachten sie Ihre Aktionen genau, um zu sehen, ob Sie ihnen je zur Seite stehen werden.

Kluge Manager, die gewissen Vorstellungen entgegentreten, jemanden kritisieren oder für einen Fehler zur Verantwortung ziehen müssen, setzen sich durch, indem sie einen Schritt weitergehen - und die Wunde so schnell wie möglich zu heilen versuchen. Sie versichern den Betroffenen, dass deren Talente und Ideen auch weiterhin geschätzt und sie nach wie vor als wertvolle Mitglieder des Teams betrachtet werden. Es ist einfach kindisch, sich über eine unbedeutende Angelegenheit auszulassen, die schon zwei Sekunden später vergessen sein sollte.

Oft halten wir an Ressentiments fest, weil wir nicht wissen, auf welche Weise Wiedergutmachung zu leisten wäre. Der eigene Stolz steht uns im Weg. Wir warten darauf, dass der oder die andere den ersten Schritt unternimmt. Aber ein guter Chef wird ihn tun, ohne zu warten. Er erkennt, dass es seine Aufgabe ist, Unstimmigkeiten offen zur Sprache zu bringen und schließlich zu beseitigen. Er hilft den Mitarbeitern, Fehler zu vergessen. Ihm ist klar, dass niemand etwas davon hat, wenn Ressentiments die Beziehungen am Arbeitsplatz vergiften, eben weil dann jeder den Kürzeren zieht.

Die Niederlage ist oft nur ein vorübergehender Zustand. Erst die völlige Kapitulation macht sie zu einem Dauerzustand.

Marilyn Vos Savant

Reagieren Sie auf konstruktive Weise

Niemand erntet gern Kritik, aber wir alle brauchen sie von Zeit zu Zeit. Normalerweise empfindet man nicht die Kritik selbst als störend, sondern die Art, wie sie geübt wird. Optimisten vermeiden das Gefühl, verletzt, unzulänglich oder niedergeschlagen zu sein. Sie haben sich angewöhnt, Kritik als ein Mittel zu akzeptieren, mit dem sie Fehler korrigieren und daraus lernen. Je taktvoller und konstruktiver die Kritik, desto besser die langfristigen Ergebnisse. Zwar können Sie nicht darüber bestimmen, wie der Chef Sie kritisiert, wohl aber darüber, wie Sie auf ihn reagieren.

Konzentrieren Sie sich auf die Lektionen, die Sie lernen müssen, nicht auf die Form der Kritik. Und behalten Sie stets im Hinterkopf: Ein Vorgesetzter wird am Erfolg seiner Abteilung gemessen. Wenn Sie versagen, wird sich das auch auf Ihre Mitarbeiter auswirken.

PROBLEME LÖSEN

Das Wichtigste bei der Lösung eines Problems ist, dass man damit anfängt.

Frank Tyger

Wenn Probleme nicht gelöst werden, leiden darunter die Arbeitsmoral und die Produktivität. Zumindest einer der folgenden Gründe spielt dabei gewöhnlich eine Rolle. Wenn Sie an Ihrem Arbeitsplatz ungelöste Probleme haben (und wer hat die nicht?), mag es Ihnen nützlich erscheinen, über jene Gründe nachzudenken, die auf Ihre Situation zutreffen. Wenn einem auch nur die Ursache des jeweiligen Problems bewusst ist, kann dies einen Prozess in Gang bringen, der zu seiner Lösung führt. Eine positive Einstellung sowie die Bereitschaft, solch heikle Themen in Angriff zu nehmen, tragen zusätzlich zur Verbesserung der Situation bei.

- Oft wollen Angestellte Vorgesetzte nicht kritisieren.
- In der Hoffnung, befördert zu werden, neigen Menschen dazu, sich und ihre Position zu schützen.
- Personen mit Sachkenntnis schüchtern häufig jene ein, die Angst haben, ihr Unwissen einzugestehen.
- Aufgrund des Gefühls, schnell handeln zu müssen, werden immer wieder zweifelhafte Urteile gefällt.
- Einer konstruktiven, gemeinsam erarbeiteten Problemlösung stehen oft persönliche Konflikte im Weg.
- Die Leute sehen Probleme eher aus ihrem eigenen Blickwinkel als aus der Perspektive der Firma.
- Das Beharren auf unangenehmen Situationen trübt die Arbeitsatmosphäre ein, belastet alle Beteiligten mit Druck, Angst und Ungewissheit.

Ein Pessimist macht aus seinen Gelegenheiten Schwierigkeiten, während ein Optimist aus seinen Schwierigkeiten Gelegenheiten macht.

Harry S. Truman

8.

FÄHIGKEITEN VERBESSERN

Nicht weil die Dinge schwierig sind, trauen wir uns nicht,
sondern weil wir uns nicht trauen, sind sie schwierig.

Seneca

Fähigkeit ist nicht gleichbedeutend mit Leistung. Der Unterschied zwischen der Fähigkeit, etwas zu leisten, und der tatsächlichen Leistung oder Vollendung ist häufig bedingt durch unsere Einstellung dazu, wie wir Ideen oder Begabungen anwenden. Kompetenz und Performance sind aufeinander bezogen, aber nur dann, wenn kompetente Leute ihre Ziele erreichen. Kompetenz ohne greifbares Ergebnis ist wertlos.

Wie vergrößert oder verbessert man seine Kompetenz? Indem man weiß, was von einem erwartet wird und was man selbst von sich erwartet; indem man die eigenen Grenzen kennt und über die Einsicht verfügt, wo Hilfe zu bekommen ist; indem man mit nur wenigen Anleitungen arbeiten und seine Taten anhand der gesteckten Ziele einschätzen kann. Vor allem aber, wenn man sich wohl fühlt mit der Idee, dass gute Leistungen belohnt werden, dass Menschen, die das Maximum erreichen, auch die höchste Anerkennung verdienen.

FÖRDERN SIE DAS ENGAGEMENT DER ANGESTELLTEN

Tüchtige Angestellte erledigen ihre Aufgaben mit viel Sachverstand. Aber sie müssen auch auf den Erfolg eingeschworen werden und die erwarteten Resultate erzielen. Wie können Sie ihr Engagement weiter fördern? Die folgenden Methoden haben sich in der Praxis bewährt und sind uneingeschränkt zu empfehlen:

- Unterstützen Sie die Meinungen von Minderheiten. Um abstumpfende Einstimmigkeit zu vermeiden, müssen Sie manchmal vielleicht Widerspruch provozieren. Sorgen Sie dann dafür, dass gegensätzliche Ansichten deutlich zur Sprache kommen. Beenden Sie nicht vorschnell eine Sitzung, wenn alle Teilnehmer ihr Einverständnis zu bekunden scheinen.

- Belohnen Sie Innovation und Kreativität. Begrüßen und loben Sie eine neue, ausführbare Idee. Bringen Sie deutlich zum Ausdruck, dass Sie diese schätzen; so werden Sie andere Mitarbeiter ermuntern, ebenfalls kreativ zu denken.

- Leisten Sie Beistand in speziellen Konfliktsituationen. Wenn Leute mit Problemen zu Ihnen kommen, die den persönlichen Zeitplan betreffen, so kooperieren Sie in dem Maße, wie die Arbeit es erlaubt.

- Informieren Sie so früh wie möglich über Änderungen im Hinblick auf den Zeitplan oder notwendige Überstunden. Geben Sie zu erkennen, dass Sie dabei die anderweitigen Verpflichtungen der Angestellten sehr wohl respektieren.

- Fördern Sie die Zusammenarbeit, nicht das Konkurrenzdenken. Der übertriebene Einsatz für das Unternehmen birgt die Gefahr, dass Menschen zu sehr mit ihren Aufgaben oder Zielen beschäftigt sind und dadurch zu Einzelkämpfern werden. Wirken Sie dem entgegen, indem Sie Zusammenarbeit und gemeinsames Ringen um Problemlösungen auszeichnen. Das ist die Grundlage jeder Teamarbeit.

- Finden Sie heraus, welche Kollegen wirklich wertvoll sind. Die größte Enttäuschung für Führungskräfte liegt darin, gerade die produktivsten und engagiertesten Leute zu verlieren. Deren persönliche Ziele müssen Sie kennen. Gewähren Sie ihnen Unterstützung, sodass sie die Gelegenheit haben, jene Ziele tatsächlich zu erreichen. Entscheidend ist, ihnen Zeit zu widmen und Beachtung zu schenken.

- Behalten Sie das eigene Engagement für die Firma stets im Blick. Ihre Vorbildfunktion steht außer Frage.

Menschen können ihr Leben ändern,
indem sie ihre geistigen Einstellungen ändern.

William James

WIE MAN WIDERSPRICHT, OHNE WIDERLICH ZU SEIN

Häufig betrachtet man Widerspruch und abweichende Meinung als etwas, das um jeden Preis zu vermeiden ist. Zwar sind beide an sich keineswegs negativ, aber durch Ihre Einstellung kann daraus ein größeres Problem werden. Es folgen einige Vorschläge, wie Sie Auseinandersetzungen in positive Resultate umwandeln.

Erinnern Sie sich an den alten Wahlspruch »Wenn zwei immer miteinander übereinstimmen, ist einer überflüssig«? Falls Sie über einen bestimmten Punkt nicht nachgedacht haben, so seien Sie froh, dass er Ihnen zur Kenntnis gebracht wird. Vielleicht haben Sie dadurch die Möglichkeit, einen verhängnisvollen Fehler noch rechtzeitig zu korrigieren.

Misstrauen Sie Ihrem ersten, instinktiven Eindruck. In einer unangenehmen Situation neigen wir von Natur aus dazu, eine defensive Haltung einzunehmen. Seien Sie umsichtig – und bleiben Sie ruhig. Eine spontane Reaktion mag gerade Ihre schlechtesten Seiten zum Vorschein bringen.

Zügeln Sie Ihr Temperament. Seien Sie rational, nicht emotional, wenn Sie mit persönlichen Problemen der Mitarbeiter oder deren unbefriedigenden Leistungen zu tun haben.

Hören Sie zunächst einmal zu. Geben Sie der anderen Person die Chance, den eigenen Standpunkt darzulegen. Lassen Sie sie ausreden. Sträuben und verteidigen Sie sich nicht, führen Sie kein Streitgespräch; dadurch würden nur Schranken errichtet. Versuchen

Sie, Brücken zu bauen, die dem gegenseitigen Verständnis dienen, statt weitere Hürden aufzustellen, die den Argwohn noch verstärken.

Halten Sie Ausschau nach Bereichen, in denen Übereinstimmung herrscht. Konzentrieren Sie sich zuallererst darauf, nachdem Sie Ihren Widersacher bis zum Ende angehört haben.

Seien Sie ehrlich. Überlegen Sie, an welcher Stelle Sie eigene Fehler zugeben können, und tun Sie es dann auch. Entschuldigen Sie sich dafür; das hilft, den Gegner zu entwaffnen und dessen Schutzmechanismen wenigstens teilweise außer Kraft zu setzen.

Versprechen Sie, seine Ideen sorgfältig zu prüfen, und meinen Sie es ernst damit. Vielleicht hat er ja recht. In diesem relativ frühen Stadium ist es besser, Nachforschungen anzustellen, als die Dinge zu überstürzen und sich hinterher in einer Position zu befinden, die der andere mit den Worten kommentieren kann: »Ich hab versucht, es ihm begreiflich zu machen, aber er wollte nichts davon wissen.«

Schieben Sie etwaige Maßnahmen auf, um mehr Zeit zu haben und das Problem zu durchdenken. Schlagen Sie vor, später am Tag oder bald danach, wenn alle Fakten mitsamt ihren Auswirkungen erfasst sind, eine weitere Sitzung abzuhalten. Notieren Sie zu deren Vorbereitung die strittigsten Punkte.

Um die Kontroverse näher zu beleuchten, ist es ratsam, sich zu fragen: »Könnten die anderen zumindest teilweise recht haben? Enthält ihr Widerstand oder ihr Argument eine Wahrheit, einen Wert? Ist meine Reaktion so beschaffen, dass sie dem Problem abhilft – oder befreit sie mich nur von meinem Frust? Wird sie die anderen noch mehr von mir entfernen oder näher an mich heranführen? Wird sie die Achtung, die gute Leute mir entgegenbringen, weiter erhöhen? Werde ich schließlich gewinnen oder verlieren? Welchen Preis muss ich zahlen, wenn ich mich durchsetze? Wird sich der Sturm legen, wenn ich schweige? Ist diese schwierige Angelegenheit im Grunde eine Chance für mich? Welche Lehren habe ich daraus bereits gezogen?«

FANGEN SIE SICH WIEDER, UM ZU SIEGEN

Das Unglück treibt dir Eisen ins Fleisch.

William Somerset Maugham

Erfolg wird langfristig nur denen zuteil, die aus Verlusten am meisten gelernt haben. Nirgendwo kommt das deutlicher zum Ausdruck als im Profisport, und niemand verkörpert diesen Geist besser als der Quarterback Brett Favre.

Nachdem gegnerische Verteidiger ihn unzählige Male zu Boden geschmettert hatten, wurde er 1995 abhängig von dem Schmerzmittel Vicodin. Er schluckte fünfzehn Tabletten pro Nacht und hörte erst zwei Tage vor dem Spiel damit auf. Hinterher griff er wieder zu diesem Medikament. Sich zu erbrechen und nichts zu essen wurde für ihn zu einem normalen Bestandteil des Lebens.

Unter dem Druck seiner Familie und seiner Freunde traf er schließlich eine Entscheidung. Er begann eine stationäre Entziehungskur, die sechs Wochen dauerte, und schwor dem Alkohol ebenso ab wie dem Vicodin. Er wurde in drei aufeinanderfolgenden Jahren - 1995,

1996 und 1997 – zum besten Spieler der National Football League (NFL) gewählt, was noch keiner vor ihm geschafft hatte. Außerdem absolvierte er 141 Spiele hintereinander – ein weiterer Rekord unter den Quarterbacks der NFL. »Wie oft ich auch umgehauen werde, ich stehe immer wieder auf«, sagt er.

Bill Mauldin war ein neunmalkluger, aufsässiger Junge, der wegen seiner Streiche von der Highschool verwiesen wurde. Da er sehr gern zeichnete und seiner Familie aushelfen wollte, borgte er sich mit dreizehn Jahren von seiner Großmutter zwanzig Dollar und belegte einen Kurs für Cartoonisten. Um auf dem Gebiet Erfahrungen zu sammeln, illustrierte er alles Mögliche – von Speisekarten bis zu politischen Plakaten – und entwarf witzige Cartoons. Während des Zweiten Weltkriegs machte er in der Armee durch seine Cartoons »Willie and Joe« den Vorgesetzten das Leben schwer. Die Soldaten hingegen liebten die Genauigkeit, mit der ihre missliche Lage dargestellt wurde. General George Patton wollte die Cartoons verbieten lassen, doch General Dwight Eisenhower lehnte dies ab. Die Geschichte gab Mauldin recht und ehrte ihn als weisen Menschen. Er erhielt zwei Pulitzerpreise und wurde auf dem Nationalfriedhof von Arlington beerdigt.

ERPROBEN SIE NEUE FÄHIGKEITEN

Hatten Sie je die Idee für ein bestimmtes Produkt, die Sie dann aber verwarfen – in der Meinung, dass jemand anders es bestimmt schon erfunden hätte, wenn dafür ein Markt vorhanden wäre? Vielleicht haben Sie so die großartige Gelegenheit verpasst, einen durchschlagenden Erfolg zu erzielen.

Die beiden kanadischen Journalisten Chris Haney und Scott Abbot ergriffen ihre Gelegenheit Ende der 1970er-Jahre. Da die Einführung des letzten erfolgreichen Brettspiels schon fünfzig Jahre zurücklag, dachten die meisten Leute, derartige Spiele gehörten der Vergangenheit an. Haney und Abbot ignorierten jedoch diese Zweifel, verbrachten fünf Monate damit, ein neues Brettspiel zu entwickeln, und präsentierten schließlich *Trivial Pursuit*.

Auf der kanadischen Spielwarenmesse verkauften sie davon nur 200 Spiele, und auf der New Yorker Spielzeugmesse gingen lediglich 144 Bestellungen ein. Die Schachtel war zu groß. Das Spiel musste überarbeitet und neu gestaltet werden, denn es war zu teuer.

Aber die beiden gaben nicht auf. Sie schickten ihre Kreation an so viele Zeitungen und Magazine, wie die finanziellen Mittel es zuließen, sowie an einige Berühmtheiten, von denen die meisten in den Fragen des Spiels auftauchten. Einige Zeit später sprach Johnny Carson voller Begeisterung darüber in *The Tonight Show*... und allmählich nahmen die Verkäufe zu.

1984 wurden schließlich zwanzig Millionen Spiele allein in den Vereinigten Staaten abgesetzt.

Die Kluft zwischen
Mittelmäßigkeit und Vortrefflichkeit
entspricht genau der zwischen
Gleichgültigkeit und Entschiedenheit.

VERDIENEN SIE SICH RESPEKT

Niemand ist davon überzeugt, es sei besser, für eine kluge, aber innerlich unbeständige Person zu arbeiten als für jemanden, der ausgeglichen und zuverlässig ist. Untersuchungen in fast 500 Firmen weltweit haben ergeben, dass sich eine hervorragende Führungskraft von einer durchschnittlichen zu 85 Prozent durch Qualitäten unterscheidet, die von ihrem Fachwissen unabhängig sind. Als entscheidender Faktor erwies sich die »emotionale Intelligenz« - die gute alte Leidenschaft.

Emotionale Intelligenz setzt sich sowohl aus persönlicher wie auch aus sozialer Kompetenz zusammen.

Menschen mit persönlicher Kompetenz sind sich ihrer selbst bewusst - sie können ihre Gefühle durchschauen, ihre Stärken und Grenzen einschätzen und selbstsicher handeln. Sie verfügen über ein hohes Maß an emotionaler Intelligenz, haben sich gut im Griff und üben Befehlsgewalt aus.

Über soziale Kompetenz verfügen Personen, die für die innere Welt der anderen empfänglich sind. Sie besitzen Einfühlungsvermögen, sind sich der Gemeinschaft bewusst und erkennen: Wenn der Stolz zu Hochmut wird, verschwinden die Anhänger.

Erfolgreiche Führungskräfte wissen, wie man mit Menschen umgeht. Sind auch Sie ein einflussreicher Motivator und Katalysator für den Wandel? Bauen Sie andere auf, weben Sie ein Beziehungsnetz und arbeiten Sie harmonisch mit Teams zusammen? Wenn ja, zeigen Sie ein hohes Maß an emotionaler Intelligenz und verdienen Respekt.

Können Sie zerstörerische Gefühle im Zaum halten? Sind Sie vertrauenswürdig und anpassungsfähig? Verspüren Sie den Drang, Ihre Leistungen zu verbessern, sind Sie bereit, die notwendigen Maßnahmen zu ergreifen, und voller Zuversicht, auch wenn es hart auf hart geht? Dann können Sie tatsächlich in die obersten Ränge aufsteigen.

SEIEN SIE EIN COACH

Ich brauche jemanden, der mich veranlasst,
das zu tun, was ich kann.

Ralph Waldo Emerson

Zum Glück lassen sich Einstellungen durch Coaching und Training verbessern. Manager spielen dabei eine wichtige Rolle. Diejenigen unter ihnen, die zu beidem nicht fähig sind, verbauen sich die Zukunft und hemmen die Entwicklung ihres Teams.

Das Coaching versetzt Führungskräfte in eine besondere Lage, wo sie positive Einstellungen in konkrete Fortschritte bei der Arbeit umwandeln müssen. Das ist ein fortlaufender Prozess: Nach jeder vollbrachten Leistung sollten neue Ziele gesetzt werden, wodurch er dann wieder von vorn beginnt.

Franklin C. Ashby und Arthur R. Pell haben in ihrem Buch *Embracing Excellence* zehn Bereiche genannt, in denen das Coaching am notwendigsten ist:

1. *Management*: Sicherstellen, dass Aufgaben genau besprochen und erklärt werden; die Angestellten auf

ihre Verantwortung hinweisen; Anleitungen oder Ratschläge geben und Beistand leisten; den Konsens erleichtern; eine Atmosphäre schaffen, die von Vertrauen, Anerkennung und Belohnung geprägt ist.

2. *Einfühlungsgabe*: Weniger reden und aufmerksamer zuhören, wenn andere das Wort ergreifen. Darüber hinaus die richtigen Fragen stellen, den Dialogpartner nicht unterbrechen, Begeisterung zeigen, Ernsthaftigkeit und Humor aufeinander abstimmen und dabei eine angemessene Körpersprache zum Ausdruck bringen.

3. *Zusammenarbeit*: Beziehungen zu Mitarbeitern innerhalb und außerhalb der eigenen Abteilung oder Arbeitsgruppe pflegen, Menschen gleichermaßen gerecht behandeln, Netzwerke aufbauen, Bündnisse schließen, eine siegessichere Einstellung haben.

4. *Konfliktlösung*: Konstruktive Vorgehensweisen entwickeln, wie man bei Konflikten den Widersachern begegnet; ohne Aggression ein deutliches und direktes Feedback geben, um Respekt und Unterstützung zu signalisieren.

5. *Positive Einstellung*: Andere Standpunkte ebenso unvoreingenommen wie sorgfältig in Erwägung ziehen, leidenschaftlich reagieren, den Akzent auf Lösungen legen statt auf Probleme und gegensätzliche Auffassungen mit gewinnender Art präsentieren.

6. *Selbstvertrauen*: Vertretbare Risiken bereitwillig eingehen, ohne sich zu verschanzen, ohne von Versa-

gensangst befallen zu werden; vielmehr entschieden und energisch Stellung beziehen.

7. *Respekt*: Die anderen wissen lassen, dass sie einen wertvollen Beitrag leisten können; abweichende Meinungen wirklich achten, ohne gönnerhaft oder hochmütig zu wirken.

8. *Strategischer Führungsstil*: Die Firma aus einer umfassenden, langfristigen Perspektive sehen; Wege und Mittel aufzeigen, wie Pläne ausgeführt und notwendige Initiativen ergriffen werden können.

9. *Prioritäten setzen*: Die Zeit effizient einteilen und vernünftige Maßstäbe festlegen; den anderen klarmachen, was von ihnen erwartet wird, und sie zur Verantwortung ziehen, ohne übermäßig Kontrolle auszuüben.

10. *Kommunikation nach oben*: Die höher gestellten Führungskräfte auf dem Laufenden halten; mit ihren Prioritäten vertraut sein; sie für die eigenen Konzepte gewinnen und die Leistungen des gesamten Teams lobend hervorheben.

Als Coach kann der Manager überprüfen, was ein Angestellter bisher gelernt und verstanden hat; er kann herausfinden, ob und inwieweit die Arbeit auf wirksame Weise erledigt wurde; demonstrieren, wie bestimmte Aufgaben am besten zu bewältigen sind; gegebenenfalls auf Veränderungen hinweisen. Zugleich sollte er sich daran erinnern, dass ein Coach niemals Perfektion erreicht - weder bei anderen noch bei sich selbst.

Effizientes Coaching ermöglicht dem Manager, seine Aufmerksamkeit auf die verbesserungsbedürftigen Leistungen des Einzelnen zu richten; dessen Einstellungen, Fähigkeiten, Talente und Kenntnisse zu beurteilen; ihn für das verantwortlich zu machen, wofür er verantwortlich ist; und vor allem demjenigen Lob zu zollen, der einen Anspruch darauf hat.

Die guten Coachs sind erfolgreich, indem sie mit ihrer Einstellung die Angestellten positiv beeinflussen, statt über sie zu herrschen. Sie verschaffen sich Autorität, indem sie Wissen und Erfahrung an den Tag legen. Die jeweiligen Tätigkeiten der Mitarbeiter genau zu kennen ist an sich schon eindrucksvoll; doch so werden diese dazu angeregt, Ihre Vorschläge und Empfehlungen sorgfältiger in Erwägung zu ziehen. Damit das Training sich auszahlt, sollten Sie folgendermaßen beginnen:

1. Überprüfen Sie die Personalakte des betreffenden Angestellten: Was spricht für
   - seine Fortschritte?
   - seine spezifischen Fähigkeiten?
   - seine Führungskraft?

2. Legen Sie fest, welche Pflichten und Aufgaben momentan erfüllt werden müssen.

3. Analysieren Sie die bisher erzielten Ergebnisse.

4. Bewerten Sie Qualität und Umfang des Trainings. In welcher Weise kam es zur Anwendung?

Während der Trainingssitzungen sollten Sie folgende Punkte beachten:

- Erläutern Sie, dass der Zweck des Coachings darin besteht, jedem Mitarbeiter zur persönlichen Bestleistung zu verhelfen.
- Gehen Sie ausführlich auf Maßnahmen, Abläufe und Zeitpläne ein.
- Heißen Sie Fragen willkommen und beantworten Sie diese.
- Sagen Sie genau, welche Resultate erwartet werden.

Wenn Sie jene Bereiche erörtern, in denen Verbesserungen nötig sein mögen:

- Konzentrieren Sie sich jeweils nur auf einen oder zwei wesentliche Aspekte.
- Scheuen Sie vor Selbstkritik nicht zurück. Stellen Sie Fragen wie zum Beispiel: »Was war in dieser Situation völlig neu für Sie?« »Welche Entscheidung wäre besser gewesen – und warum?«
- Seien Sie eher Beobachter als Redner; dadurch erfahren Sie mehr.

Halten Sie immer schriftlich fest, was Sie gesehen und gehört haben. Notieren Sie außerdem, welche Themen in künftigen Sitzungen zu behandeln sind – etwa:

- frühere Resultate
- angepeilte Ziele

Vergewissern Sie sich, dass die Mitarbeiter frühzeitig über Sitzungen - sowie deren Tagesordnung und Dauer - informiert werden.

Die besten Ergebnisse erzielen Sie mit den folgenden sieben Methoden:

1. Beachten und loben Sie Fortschritte.

2. Erklären Sie die Probleme ganz genau.

3. Gehen Sie über keine Schwierigkeit hinweg.

4. Bieten Sie kontinuierlich Ihre Hilfe an.

5. Setzen Sie sich mit aller Kraft für Verbesserungen ein, indem Sie die Ziele schriftlich festlegen.

6. Erkennen Sie, was im Training unbedingt vermittelt werden muss.

7. Lassen Sie in einer Wettbewerbssituation jeden Mitarbeiter wissen, wo er bezüglich der anderen steht.

Angestellte, die gut gecoacht werden, fühlen sich bei ihrer Arbeit wohler. Sie neigen dazu, ihr Bestes zu geben, weil sie wissen, dass jemand in führender Position ein starkes persönliches Interesse an ihrer Leistung und ihrem Erfolg hat.

Hier sei ein großartiges Beispiel aus dem Wirtschaftsmagazin *Inc.* wiedergegeben, das zeigt, wie Menschen gelernt haben, den Wert ihres gegenseitigen Coachings anzuerkennen.

Bob Metcalf gründete eine Firma namens Three Com Corporation. Da er seine eigenen Grenzen als Manager kannte, war ihm bewusst, dass es notwendig war, einen ebenso versierten wie routinierten Manager hinzuzuziehen, der sich um jene Aufgaben kümmern würde, bei denen er ineffizient war.

Er stellte Bill Kroust ein - und merkte, dass beide aus dieser Zusammenarbeit vieles lernen mussten. Metcalf hatte einen akademischen Hintergrund, demzufolge bestand das Ziel darin, in Debatten den Sieg davonzutragen. Kroust hingegen kam aus einer Welt, in der es darum ging, »die Bestellung zu kriegen«; also brachte er Metcalf bei, wie man seine Produkte verkauft.

Außerdem lehrte er ihn den Wert der Planung, die Art und Weise, wie man emotionale Konflikte löst und aufreibende Situationen vermeidet.

Aber der Lernprozess war keineswegs eingleisig. Metcalf nämlich brachte Kroust bei, wie man zu einem besseren öffentlichen Redner wird und wie man Bagatellen nicht weiter beachtet; darüber hinaus machte er ihn mit dem Wert von Prinzipien und der Integrität vertraut. Er wies ihn darauf hin, den Mitarbeitern oft genug die Gelegenheit zum Risiko zu geben, auch wenn sie dann scheitern. Nicht zuletzt lernte Kroust, wie man unbeschwerter wird, über sich selbst lacht und die humorvolle Seite der Dinge wahrnimmt. In vielen Punkten waren sie sich uneins, doch indem sie kooperierten, wurde jeder von ihnen stärker und die Firma ebenfalls. Daran hat sich bis heute nichts geändert.

Auf allen Ebenen des Unternehmens kann man aus dem Coaching Nutzen ziehen. Suchen Sie also nach Möglichkeiten, zu coachen und gecoacht zu werden.

9.

WIE MAN STRESS UND BURNOUT ÜBERWINDET

Betrachten Sie Probleme als unvermeidlichen Teil des Lebens; wenn eines auftaucht, so behalten Sie den Kopf oben, schauen ihm direkt in die Augen und sagen: »Ich werde größer sein als du. Du kannst mich nicht besiegen.«

Ann Landers

Jede Tätigkeit hat ihren Anteil an Stress. Wäre dem nicht so, würde sie schnell langweilig werden. Erst wenn Stress zur Qual wird, tauchen Probleme auf. Übermäßiger Druck mag sich in unserem Verhalten bemerkbar machen. Leute, die immer geduldig waren, werden ungeduldig. Ruhige Menschen werden vielleicht nervös. Angestellte, die vorher stets kooperativ waren, rebellieren plötzlich. Andere zeigen möglicherweise physische Symptome oder beklagen sich darüber, dass sie Mühe haben, einzuschlafen oder die Nacht durchzuschlafen. Oft sind sie müde, selbst nach einem guten Schlaf. Eventuell haben sie sogar Magenschmerzen, einen beschleunigten Herzschlag - oder häufig Kopfweh.

Erholung kann körperliche Müdigkeit beseitigen, aber einige Personen sind infolge ihrer beruflichen Aufgaben wahrscheinlich geistig erschöpft. Arbeiten sie zum Beispiel am Computer, so erinnern Sie sie daran, dass körperliche Ertüchtigung ihnen wohltun kann. Empfehlen Sie ihnen, nach dem Mittagessen einen Spaziergang zu unternehmen, schwimmen zu gehen oder zu joggen, nach der Arbeit Sport zu treiben. Viele Unternehmen verfügen heute über Fitnessräume, wo die Angestellten während der Mittagszeit Ergometer oder Kraftgeräte benutzen können. Diejenigen mit einer gesunden Lebensweise sind jedenfalls weniger anfällig für geistige Erschöpfung.

Die Situationen im Leben kann man sich nicht zurechtschneidern, wohl aber die Einstellungen, die sich jenen Situationen anpassen, noch bevor sie eintreten.

Zig Ziglar

BURNOUT

Menschen sind keine Glühbirnen. Eine Glühbirne leuchtet hell - dann gibt es plötzlich einen Knall und sie ist durchgebrannt. Menschen dagegen brennen langsam und oft unmerklich aus. Einige dieser Burnouts verursachen physische Störungen wie Herzattacken oder

Magengeschwüre, die meisten aber sind psychischer Natur. Man verliert die Lust, die Kraft, die Motivation, und das äußert sich auf mannigfache Weise: im Hass auf die Arbeit und die Kollegen, im Misstrauen gegenüber dem Vorgesetzten und im Grauen, jeden Morgen in die Firma gehen zu müssen.

Das Burnout resultiert aus zu viel Stress, doch das ist nicht seine einzige Ursache. Es kann auch durch die Enttäuschung über nicht eingelöste Versprechen hervorgerufen werden – darüber, dass man bei der erwarteten Beförderung oder Gehaltserhöhung übergangen wurde.

Einige Manager sind völlig ausgebrannt aufgrund des enormen Drucks, Entscheidungen treffen zu müssen, die vielleicht katastrophale Folgen haben. Andere werden immer schwächer, weil sie zu viele Überstunden machen oder unbefriedigende Aufgaben zu erledigen haben. Von daher sind Menschen mit einer positiven Einstellung wesentlich besser geeignet, die genannten Probleme zu vermeiden.

Derartige Erschöpfungszustände sind leichter zu erkennen als zu heilen. Zu den deutlichen Symptomen gehören: geringeres Selbstbewusstsein und die Bereitschaft, sich mit dem Mittelmaß abzufinden. Der Drang, bessere Leistungen zu erzielen, lässt nach, die Produktivität nimmt ab und Beziehungen gehen in die Brüche.

Die folgenden Hinweise werden Ihnen helfen, der Depression Einhalt zu gebieten.

ÜBERPRÜFEN SIE IHREN STRESSLEVEL

Benutzen Sie diesen Fragebogen, um herauszufinden, wie nah Sie an den Punkt gekommen sind, wo Ihnen der Stress ernsthafte Probleme bereitet.

Tragen Sie jeweils Ihre Antwort ein: »kJ« für »klares Ja«, »J« für »Ja«, »N« für »Nein« und »kN« für »klares Nein«.

1. Sind Sie den ganzen Tag über erschöpft? ______
2. Melden Sie sich bei geschäftlichen Sitzungen weniger oft zu Wort als früher? ______
3. Kommt es jetzt häufiger vor, dass Sie etwas vergessen? ______
4. Sind Sie müde, selbst nach einem geruhsamen Nachtschlaf? ______
5. Scheinen Sie nur selten über Ihre volle Geisteskraft zu verfügen? ______
6. Haben Sie das Gefühl, am Ende des Tages noch weiter im Rückstand zu sein als zu dessen Beginn? ______
7. Haben Sie weniger Geduld mit anderen Menschen? ______

8. Verbringen Sie weniger Zeit mit Hobbys? ______

9. Bereiten Ihnen vollbrachte Leistungen kaum Freude? ______

10. Arbeiten Sie während der Wachstunden nur selten in vollem Tempo? ______

Geben Sie zehn Punkte für ein »klares Ja«, sieben Punkte für »Ja«, drei Punkte für »Nein« und null Punkte für ein »klares Nein«. Zählen Sie dann Ihre Punkte zusammen. Daraus ergibt sich folgende Bewertung:

- 0 bis 15 Punkte: Wenn Sie nicht völlig inaktiv sind, haben Sie alles gut im Griff.

- 16 bis 50 Punkte: Es ist eher unwahrscheinlich, dass Sie unter dem Burnoutsyndrom leiden.

- 51 bis 80 Punkte: Sie bewegen sich auf gefährlichem Boden, steuern möglicherweise direkt auf den Zustand totaler Erschöpfung zu.

- 81 bis 100 Punkte: Sie tragen eine »Stressbombe« mit sich herum.

DEN STRESS BEWÄLTIGEN

Wenn die Arbeit ein hohes Maß an Stress beinhaltet, muss man gezielte Schritte unternehmen, um damit fertig zu werden. Manche Ärzte empfehlen Beruhigungsmittel und andere Medikamente. Doch Sie können Ihren Stress aus eigener Kraft bewältigen, indem Sie gewisse Ratschläge befolgen:

- Bleiben Sie in erstklassiger körperlicher Verfassung. Achten Sie auf eine gesunde Ernährungsweise und treiben Sie regelmäßig Sport.
- Lernen Sie, sich zu entspannen. Nehmen Sie an den von der Firma eingeplanten Entspannungsübungen teil. Erübrigen Sie genügend Zeit, in der Sie allein sind und neue Kraft schöpfen.
- Lernen Sie, sich zu achten. Menschen mit hoher Selbstachtung werden durch den Druck der anderen wahrscheinlich weniger beeinträchtigt.
- Sehen Sie ein, dass Sie nicht jeden ständig zufriedenstellen können.
- Lernen Sie immer wieder dazu. Dadurch bleiben Sie wachsam, aufgeschlossen und voller Elan.
- Bilden Sie eine Gruppe, die Sie unterstützt. Vermeiden Sie großen Stress, indem Sie sich mit Familienmitgliedern und Freunden umgeben, die Ihnen

bereitwillig den Rücken stärken, sobald beruflich einiges schiefläuft.

- Akzeptieren Sie nur solche Verpflichtungen, die für Sie wichtig sind. Lehnen Sie höflich Projekte ab, bei denen Sie nur Ihre Zeit und Kraft vergeuden würden.

- Machen Sie neue Möglichkeiten ausfindig, Ihre Kreativität einzusetzen. Indem Sie noch einmal darüber nachdenken, wie Sie Routineangelegenheiten erledigen, und angesichts ungewohnter Aufgaben Ihre schöpferischen Methoden entwickeln, können Sie sie müheloser bewältigen.

- Begrüßen Sie Veränderungen. Betrachten Sie diese nicht als Gefahren, sondern als neue Herausforderungen.

- Ersetzen Sie negative Vorstellungen in Ihrem Kopf durch positive. Es gibt genügend Beweise dafür, dass dem positiven Denken eine besondere Macht innewohnt.

- Falls Ihr Hobby oder Ihre Freizeitaktivität (zum Beispiel Wettkampfsport oder Skatturnier) Sie noch mehr unter Druck setzt, so hören Sie auf damit. Wählen Sie stattdessen eine Tätigkeit, die Sie wirklich entspannt.

- Gestatten Sie sich, das Leben zu genießen. Erfreuen Sie sich an Unternehmungen mit Familienmitgliedern und Freunden. Fühlen Sie sich nicht schuldig, wenn Sie nicht über Ihre Arbeit nachdenken.

*Durch die richtige Einstellung
kann negativer Stress in positiven Stress
umgewandelt werden.*

Hans Selye

MIT DEM BURNOUT FERTIG WERDEN

Um sich vom Burnout zu erholen, muss man einige wesentliche Aspekte ebenso aufrichtig wie gründlich untersuchen:

- *Divergierende Ziele*. Die Interessen der Firma stimmen nicht mit den Ihren überein. Sie bewegen sich in unterschiedliche Richtungen. Vielleicht haben Sie den Eindruck, dass der Raum für berufliche Fortschritte und Aufstiegsmöglichkeiten zu stark eingeschränkt ist.

- *Langweilige und reizlose Arbeit*. Zu viel Routine, wenige Gelegenheiten, Neuland zu erforschen. Die Wiederholung herrscht vor.

- *Mangel an Verantwortung und Einfluss*. Neue Herausforderungen sind selten, und es gibt für Sie kaum einen Zuwachs an Autorität.

- *Änderungen im persönlichen Bereich*. Vielleicht kommen Bedürfnisse der Familie zum Vorschein, die die Karriereplanung zumindest vorläufig unterbrechen. Oder gesundheitliche Probleme treten auf, beanspruchen Ihre ganze Aufmerksamkeit.

- *Neue pädagogische oder technische Anforderungen.* Diese können einen äußerst leistungsfähigen Menschen in Gefahr bringen, wenn er sie nicht vorhersieht und zusätzliche Zeit für die Erledigung seiner Aufgaben erübrigt.

- *Maximale Anstrengung resultiert in minimaler Anerkennung.* Wenn man gewöhnlich *Sie* für schwierige Arbeiten auswählt, ohne Ihnen Lob, Vergütung oder Beförderung zuteil werden zu lassen, so unternehmen Sie folgende Schritte:

  1. Halten Sie schriftlich fest, was passiert ist.

  2. Überprüfen Sie Ihre persönlichen Ziele.

  3. Bitten Sie um ein Gespräch oder eine Sitzung, um zu erörtern, warum man Ihre Leistungen als selbstverständlich voraussetzt. Das könnte ein entscheidender Schritt in Ihrer beruflichen Entwicklung sein – allerdings nur dann, wenn Sie nicht darauf warten, dass jemand anders dieses Treffen initiiert.

WIE MAN IM BÜRO STRESS ABBAUT

Menschen reagieren unterschiedlich auf Stress. Was bei dem einen funktioniert, zeigt bei dem anderen keinerlei Wirkung. Die folgenden Methoden können Ihnen während des Arbeitstages von großem Nutzen sein.

Legen Sie eine Pause ein

Wenn Charley einen übermäßigen Druck verspürt, versucht er, sich kurzzeitig aus dem Geschehen zurückzuziehen. Er erhebt sich vom Schreibtisch, zieht den Mantel über und verlässt das Gebäude. Ein zehnminütiger Spaziergang um den Häuserblock oder Parkplatz gibt ihm neue Kraft und rückt die Dinge wieder ins rechte Licht.

Esther arbeitet in der Innenstadt. Sobald sie sich gestresst fühlt, verlässt auch sie das Bürogebäude, um sich durch einen Schaufensterbummel in einem nahe gelegenen Einkaufszentrum zu entspannen.

Stans Chef billigt es nicht, dass die Angestellten während der Arbeitszeit das Gebäude verlassen. Wenn Stan also stark angespannt ist, erledigt er einen Auftrag in einer anderen Abteilung. Indem er sich von dem Ort entfernt, der ihn unter Druck setzt, kann er seine Gedanken neu ausrichten. Ein Szenenwechsel hilft ihm, den Stress zu mildern.

ENTSPANNUNGSÜBUNGEN

Wenn Sie mit zwanzig Menschen in einem Raum zusammenarbeiten, ist es nicht ratsam, mitten auf dem Fußboden den gymnastischen Hampelmann zu machen. Doch viele Übungen sind völlig dezent. Atemübungen zum Beispiel kann man leicht ausführen, ohne die anderen zu stören. Atmen Sie tief durch die Nase ein, um die Luft dann langsam aus dem Mund strömen zu lassen. Tun Sie das mehrere Male. Sie werden bemerken, wie Ihr ganzer Körper darauf reagiert und sich allmählich entspannt.

Teds Firma verfügt über einen gut ausgerüsteten Gymnastikraum. Wenn er unter Druck ist, geht er dorthin, schwingt sich aufs Ergometer und tritt fünf oder zehn Minuten lang in die Pedale. Das bringt ihn nicht zum Schwitzen, ist aber genau das Richtige, um ihn von der Anspannung zu befreien.

GEHEN SIE ZU EINER ANDEREN AUFGABE ÜBER

In vielen Berufen haben die Leute mehrere Projekte oder Projektphasen, an denen sie parallel arbeiten. Falls bei der gegenwärtigen Tätigkeit der Druck übermäßig ansteigt, widmen Sie sich vorübergehend doch einer anderen.

Heather war so besorgt über einen Abgabetermin, dass sie sich nicht mehr auf ihre Arbeit konzentrieren konnte. Sie ertappte sich bei dummen Fehlern und falschen Beurteilungen, schob daraufhin das eilige Projekt zur Seite und befasste sich für eine halbe Stunde mit einer anderen Aufgabe. Als sie zu jener dringenden Sache zurückkehrte, war ihr Kopf wieder klar.

Sprechen Sie mit einem Freund

Einige verringern ihren Stress am besten dadurch, dass sie die unangenehme Angelegenheit mit einem Freund besprechen.

Peter etwa ruft einen guten Freund an, um so das Problem auszudiskutieren. Obwohl er nicht erwartet, dass der andere es für ihn löst, gewinnt er mehr Klarheit darüber, indem er genau das zur Sprache bringt, was ihm durch den Kopf geht.

Außerdem können einige Minuten Plauderei manchmal die innere Anspannung beseitigen.

Finden Sie Ihre persönliche Methode zur Stressbewältigung

Daneben gibt es zahlreiche weitere wirksame Mittel, den Stress abzubauen. Ein Mann berichtet, dass er, wenn der Druck unerträglich wird, sich in seinen Wagen setzt, die Fenster schließt - und schreit.

Dierdre, die glücklicherweise ein eigenes Büro hat, erzählt, dass sich ihre Anspannung löste, indem sie einige Minuten lang ihre Yogaübung machte.

Jim wiederum geht (leider nur in Gedanken) zum Bach nahe seinem Sommerhäuschen und lauscht dem Wasser, das über die Steine plätschert.

Andere finden Hilfe in Meditation oder Gebet.

Jede dieser Methoden – oder auch eine andere, die Sie selbst entwickeln – kann dazu beitragen, den Stress am Arbeitsplatz zu reduzieren.

Groll hegen ist etwa so,
als würde man eine heiße Kohle ergreifen
in der Absicht, sie auf jemand anderen zu werfen;
aber dabei verbrennt man nur sich selbst.

Buddha

BENUTZEN SIE IHRE POSITIVE EINSTELLUNG, UM ANDERE VOM BURNOUTSYNDROM ZU HEILEN

Ihre positive Einstellung kann ein »ausgebranntes« Mitglied Ihres Arbeitsteams auf den Weg der Genesung führen, und zwar auf die folgende Weise:

- *Leisten Sie Beistand.* Zeigen Sie aufrichtiges Interesse, indem Sie eine Diskussion über drängende Probleme anregen und helfen, die notwendigen Änderungen herbeizuführen.

- *Ziehen Sie in Betracht, die Aufgaben umzuverteilen.* Indem Sie Ihren Angestellten andere Tätigkeiten und Verpflichtungen zuweisen oder diese einem weiteren Team übertragen, kann sich das Arbeitsklima verbessern und die Voraussetzung für einen Neubeginn geschaffen werden.

- *Geben Sie Ihren Mitarbeitern die Gelegenheit, neue Fähigkeiten zu erwerben.* Damit legen Sie nicht nur die Betonung auf den Lernprozess, sondern erhöhen vielleicht auch den Gewinn der Firma.

Wenn Sie trotz solcher Bemühungen keine Fortschritte erzielen, so drängen Sie darauf, dass professionelle Unternehmensberater mit hinzugezogen werden.

Es genügt nicht, die eigenen Verhaltensweisen und Neigungen zu kennen; gegebenenfalls müssen Sie auch die entsprechenden Schritte unternehmen, um Ihre Einstellung zu ändern.

Indem Sie die in diesem Buch enthaltenen Informationen noch einmal überdenken und dann tatsächlich in die Praxis umsetzen, können Sie Ihre Anfälligkeit für Stress und Burnout verringern.

Ja, Sie können Ihr Leben insgesamt ändern, indem Sie negatives Denken in positives Denken - und positives Handeln - umwandeln. Das ist nicht leicht, aber die Mühe lohnt sich sehr wohl.

Ruhig zu bleiben, wenn die anderen in Aufruhr sind,
kommt Ihnen auf zweierlei Weise zugute:
Es festigt Ihre Position und lockt Verbündete an,
die von Ihrer Selbstbeherrschung beeindruckt sind.

10.

POSITIVE EINSTELLUNG – DER SCHLÜSSEL ZUM ERFOLG

Die Dinge entwickeln sich für diejenigen am besten, die das Beste daraus machen, wie die Dinge sich entwickeln.

John Wooden

Wenn Sie noch einmal überprüfen, wie Sie sich Ihrem Leben und Ihrer Arbeit annähern, wird Ihnen bewusst, dass eine positive Einstellung nicht nur Ihren Erfolg beeinflusst; sie trägt auch entscheidend dazu bei, das Burnout zu vermeiden und die eigenen Fähigkeiten den jeweiligen Erfordernissen anzupassen. Eine positive Einstellung bildet die Grundlage des Erfolgs und versetzt potenzielle Gewinner in die Lage, tatsächlich den Sieg davonzutragen.

Wir sind dann erfolgreich, wenn wir aufrichtig zu schätzen wissen, was wir haben, und uns nicht erlauben, deprimiert zu sein wegen dem, was wir nicht haben. Einfach ausgedrückt: Die Einstellung treibt uns an, erfolgreich zu sein - ob wir in einem Ausschuss tätig sind oder eine Machtposition in einem multinationalen Konzern zu erlangen suchen. Es mag der Drang sein, im geschäftlichen Bereich Triumphe zu erringen, mittels einer gemeinnützigen Tätigkeit der Menschheit zu dienen oder durch eine der Künste zur Schönheit des Lebens beizutragen.

Der Schlüssel des Erfolgs liegt darin, unter Einsatz der persönlichen Kräfte beharrlich auf bestimmte Ziele hinzuarbeiten. Unter Umständen liefern Sie den Beweis, dass Sie auf niemand anderen als auf sich selbst zählen können. Erfolg bedeutet, vom Akzeptablen zum Exzellenten voranzuschreiten. Nur selten stellt er sich mühelos ein.

Die vorzügliche Leistung ist gewöhnlich das Ergebnis langer, schwieriger Lehrjahre. Um die Wahrscheinlichkeit zu erhöhen, dass Sie durch harte Arbeit Ihre Ziele erreichen, sind folgende Eigenschaften vonnöten:

- *Selbstachtung.* Wenn Sie sich nicht als ein wertvolles Individuum, als ebenso würdigen wie fähigen Menschen betrachten, besteht kaum eine Chance, die gegebenen Zustände zu ändern und die vorhandenen Möglichkeiten zu nutzen.

- *Verantwortungsbewusstsein.* Sie machen nur sich selbst verantwortlich für das, was in Ihrem Leben passiert. Mit anderen Worten: Sie übernehmen bereitwillig die volle Verantwortung für jene Ereignisse, die zu Erfolg oder Misserfolg führen.

- *Optimismus.* Um erfolgreich zu sein, müssen Sie in aller Deutlichkeit erkennen, dass es Situationen gibt, die außerhalb der Reichweite Ihrer Fähigkeiten liegen. Das heißt jedoch nicht, mit einer Niederlage zu rechnen. Die Erfolgreichen fühlen sich wohl in ihrer Haut, haben Vertrauen in die Zukunft und arbeiten produktiv in der Gegenwart.

- *Das Bemühen, kontinuierlich Fortschritte zu machen.* Unternehmen Sie einen Schritt nach dem anderen. Erfolgsorientierte Menschen vergegenwärtigen sich immer wieder ihre Ziele. Diese sind nicht nur das Maß des Erfolgs, sie dienen auch dazu, das künftige Verhalten zu begründen und zu lenken.

- *Einbildungskraft.* Ohne Einbildungskraft können Sie sich nicht vorstellen, wie es wohl sein mag, ebenso aufregende wie vorteilhafte Projekte in Angriff zu nehmen. Erfolgreiche Menschen benutzen ihre Einbildungskraft ständig und auf schöpferische Weise, um Ideen im Licht der Möglichkeiten zu erproben.

- *Bewusstheit.* Sie müssen sich immer bewusst sein, was um Sie herum geschieht. Leute haben deshalb Erfolg, weil sie neugierig sind. Sie halten stets Ausschau nach neuen Gelegenheiten.

- *Kreativität.* Entspannen Sie sich. Schauen Sie über den Tellerrand. Erfolgreiche Personen haben es sich zur Gewohnheit gemacht, Situationen, Probleme und Gelegenheiten aus verschiedenen Blickwinkeln zu betrachten. Sie fragen unaufhörlich: Warum ist das so? Was unterscheidet diese Sache von der anderen? Wann ist das passiert? Wer wird von einer Veränderung oder einer neuen Richtung am meisten profitieren?

Denke stets daran, dass deine Entschlossenheit, erfolgreich zu sein, wichtiger ist als alles andere.

Abraham Lincoln

KRITERIEN FÜR ERFOLGREICHE FÜHRUNGSKRÄFTE

Misserfolg vermeiden ist nicht gleichbedeutend damit, Erfolg zu erzielen. Lee Iacocca ist das lebendige Beispiel eines Managers, der dank seiner positiven Einstellung das Risiko des Scheiterns eingehen konnte, als er die Stelle des Generaldirektors von Chrysler Motors übernahm. In Interviews, Diskussionen und sogar in Werbesendungen für sein Unternehmen strahlte er eine zähe Zielstrebigkeit aus – sowie die feste Entschlossenheit, den Sieg zu erringen. Er gehört zu jenen Führungskräften, die sagen: »Bringen wir die Sache auf den Punkt und machen wir weiter.« Es waren die gleichen Qualitäten, die er auch in den Männern und Frauen für Führungspositionen bei Chrysler suchte.

Diejenigen unter ihnen, die sich nach Iacoccas unvoreingenommener und oft schillernder Meinung als die Besten erwiesen, können anhand der folgenden Kriterien beschrieben werden. Sie sind

- *risikofreudige Einzelgänger*. Sie erledigen ruhig und gelassen ihre Arbeit, gehen kalkulierbare Risiken ein und setzen nötigenfalls ihren Job aufs Spiel, um ein neues, unerprobtes, zugleich aber wichtiges Projekt auf den Weg zu bringen.

- *kontrollierte Workaholics.* Der Acht-Stunden-Tag ist für sie eher die Ausnahme als die Regel. Sie finden ihre Tätigkeit so aufregend und anspruchsvoll, dass ihnen die tatsächliche Länge der Arbeitszeit eher gleichgültig ist. Die vollbrachte Leistung ist jene Entschädigung, die sie am meisten befriedigt.

- *aufrichtige Kommunikatoren.* Sie nennen die Dinge offen und mutig beim Namen, selbst auf die Gefahr hin, angegriffen und verletzt zu werden. Die Ziele, die sie zu erreichen gedenken, werden so zur Sprache gebracht, dass sich die Zuhörer ermuntert fühlen, ebenfalls zur Tat zu schreiten. Und sie schaffen ein Arbeitsklima, in dem die wechselseitige Kommunikation gefördert wird. Die Vorstellungen, denen sie Ausdruck verleihen, sind klar und verständlich. Dadurch bekommen sie dann auch ein sachdienliches Feedback.

- *unerschrocken im Delegieren.* Sie haben keine Angst, wichtige Aufgaben anderen Kollegen zu übertragen. Die Mitglieder des Teams erhalten die Chance, aus eigener Kraft erfolgreich zu sein - oder zu scheitern. Diese Führungskräfte motivieren durch ihr Beispiel und ermutigen jeden dazu, sein Bestes zu geben.

- *praxisorientierte Planer.* Sie verfügen über den nötigen Weitblick, um die jeweilige Aufgabe im Gesamtzusammenhang zu sehen, statt wichtige Angelegenheiten stückchenweise zu erledigen. Sie zwingen sich dazu, vorauszudenken, Prioritäten zu setzen und die Fortschritte so genau wie möglich zu bewerten.

- *realistisch denkende Entscheidungsträger.* Sie zögern nicht, ein bevorzugtes Projekt oder Programm fallen zu lassen, wenn es seinen Zweck nicht mehr erfüllt. Langjährige Mitarbeiter, die keine effiziente Arbeit leisten, werden ersetzt, so schmerzlich deren Abgang auch sein mag.

- *Träumer mit gesundem Menschenverstand.* Sie werden toleriert, wenn sie innerhalb einer vernünftigen Zeitspanne konkrete Resultate vorweisen können. Die Leistung ist der Maßstab, nicht die Erwartung.

- *aufopferungsvolle Leistungsträger.* Bereitwillig tun sie mehr, als von ihnen erwartet wird. Wenn sie sich für eine Sache begeistern, entfachen sie Begeisterung bei den Kollegen. Sie freuen sich auf ihre Arbeit. Sie kooperieren und interagieren, ohne zu schmollen. Sie setzen ihre Energie ebenso maßvoll wie zielgerichtet ein. Sie besitzen die Willenskraft, auch dann weiterzumachen, wenn ihnen keine Unterstützung zuteil wird. Denn sie wissen, dass sie auf dem richtigen Weg sind.

DIE EIGENSCHAFTEN VON SIEGERTYPEN

Erfolgreiche Menschen erkennen die Bedeutung von vier Grundsätzen in ihren beruflichen Beziehungen.

Der erste Grundsatz: *Jeder kann auf irgendeine Weise motiviert werden.* Wenn man davon überzeugt ist, dass diese oder jene Person niemals motiviert werden kann, wird sie auch unmotiviert bleiben. Das heißt, Manager müssen schon in einem sehr frühen Stadium herausfinden, wie sie bei ihren Mitarbeitern das Interesse für bestimmte Aufgaben wecken können.

Der zweite Grundsatz: *Die Angestellten neigen dazu, ihre Tätigkeit aus* persönlichen *Gründen zu verrichten, nicht jemand anderem zuliebe.* Die Herausforderung besteht darin, diese Gründe zu entdecken, sodass sie bei der Arbeit zum Einsatz kommen. Nur dann ist man in der Lage, die Probleme der Untergebenen zu thematisieren und sicherzustellen, dass ihre Anliegen im Hinblick auf die zu erledigenden Aufgaben in Betracht gezogen werden.

Der dritte Grundsatz: *Durch Übertreibung kann eine Stärke zur Schwäche werden.*

Hierzu werde ich nie den folgenden Fall vergessen. Mein Kunde Carl Adams war Direktor einer Firma. Er legte so großen Wert auf Pünktlichkeit, dass er stets viel früher als die anderen im Büro erschien. Für ihn stand fest, dass Leute, die wie er vorzeitig da sind, zwangsläufig auch die größten Leistungen erbringen. Das ging schließlich so weit, dass Adams den Beitrag eines Angestellten als umso vernünftiger und richtiger einstufte, je früher dieser zu einer Sitzung kam. Sein Urteil hatte nichts mit dem Wert des Beitrags zu tun, sondern gründete einzig und allein auf seiner Obsession, überpünktlich zu sein. Das heißt: Pünktlichkeit ist durchaus eine wunderbare Eigenschaft, aber wenn man es damit übertreibt, sodass sie Vorrang hat vor dem Inhalt einer Aussage, begeht man einen schwerwiegenden Fehler.

Der vierte Grundsatz: *Man motiviert die Leute nicht, sondern schafft eine Atmosphäre, in der sie sich selbst motivieren*. Das ist die Herausforderung für alle Führungskräfte. Versucht man, den Mitarbeitern dauernd noch größere, bessere und wohlschmeckendere Köder vor die Nase zu halten, gehen einem bald die Köder aus. Wenn sie ohne direkte Überwachung, ohne ständige Anweisungen und Befehle zurechtkommen sollen, müssen sie ermutigt werden, die notwendigen Schritte aus eigenem Antrieb zu unternehmen.

BEGEISTERUNG IST ANSTECKEND

Begeisterung ist der deutlichste Beweis einer positiven Einstellung.

Tommy Lasorda, langjähriger Manager der Los Angeles Dodgers und einer der beschwingtesten Menschen im Profisport, vertritt die Überzeugung, dass seine Einstellung ansteckend ist. »Wenn ich niedergeschlagen und erschöpft in unseren Club komme«, sagt er, »und die Spieler sehen mich in dieser Verfassung – wie wird dann ihre Einstellung sein, welche Atmosphäre wird vorherrschen? Wenn ich dagegen voller Begeisterung bin, voller Selbstvertrauen und Stolz, dieses Trikot zu tragen, wirkt dies ebenfalls ansteckend. Das ist die Einstellung, die mein Team haben wird.«

Genauso verhält es sich mit Führungskräften in anderen Bereichen. Wenn sie das Büro oder die Fabrik in schlechter Stimmung betreten, macht sich schnell Trübsal breit. Doch wenn sie voller Begeisterung, Zuversicht und Selbstvertrauen sind, wird der Funke dieser positiven Einstellung auf jeden überspringen.

Lasorda hat auch einige sehr präzise Ansichten über die Beziehung zwischen Einstellung und Loyalität – sowie darüber, wie man sie lebendig hält. Er erklärt: »Loyalität bedeutet, dass man zurückgibt, was einem gegeben wurde – auf diese Weise erzielt man eine gute Leistung, so trägt man den Sieg davon. Wenn du deine Arbeit liebst, bist du stolz auf sie. Aber wie viele Menschen, die durch die Straßen dieses großen Landes gehen, können aufrichtig und wahrheitsgemäß sagen, dass sie sehr gern für ihre Firma arbeiten, wenn sie völlig erschöpft und kaputt sind?«

Du bist so jung wie dein Glaube,
So alt wie deine Zweifel,
So jung wie dein Selbstvertrauen,
So alt wie deine Ängste,
So jung wie deine Hoffnung,
So alt wie deine Verzweiflung.
Die Haut mag mit den Jahren faltig werden –
Doch wenn man die Begeisterung verliert,
Bekommt die Seele Falten.

Samuel Ullman

Effiziente Führungskräfte verstehen sehr gut, wie die Einstellung das Verhalten beeinflusst, und benutzen dieses Wissen, um ihr Unternehmen weiter voranzubringen. Es kommt darauf an, so zu handeln, dass alle Beteiligten davon profitieren:

- Wenn Sie Menschen helfen, erfolgreich zu sein, werden die meisten bereit sein, Ihnen zu helfen. Legen Sie ihnen jedoch Steine in den Weg, werden sie Rache üben, wann immer die Möglichkeit dazu besteht.
- Wenn Sie sich Respekt erwerben, haben Sie kaum Probleme und weniger Feinde.
- Erniedrigende Aufgaben oder Vorschriften erweisen sich fast immer als Bumerang und werden Ihnen zum denkbar ungünstigsten Zeitpunkt heimgezahlt.
- Begünstigen Sie Mitarbeiter, die die besten Resultate erzielen, nicht jene, die dauernd nur das sagen, was Sie nach deren Meinung gerne hören wollen.
- Rechnen Sie nicht damit, beliebt zu sein – bemühen Sie sich um Respekt, nicht um Dankbarkeit.
- Delegieren Sie Aufgaben, machen Sie nicht zu viele Versprechungen und beteiligen Sie die anderen an Entscheidungen und Zielsetzungen.

DIE RISIKEN DES ERFOLGS

Wer immer gesagt hat, zwei Dinge im Leben seien am schwersten zu bewältigen, nämlich das Scheitern und der Erfolg, war sehr weise. Aus diesem Grund wenden sich die wahren Sieger nach getaner Arbeit sofort der nächsten Herausforderung zu. Entscheidend ist, zu lernen, wie man lernt, und dann dazuzulernen. Probleme tauchen dann auf, wenn Leute annehmen, der Erfolg sei geradezu unvermeidlich. Doch eine positive Einstellung festigt das Vertrauen, sodass Sie, sobald etwas aus dem Ruder läuft, imstande sein werden, sich auf die Situation einzustellen und am Ende die Oberhand zu behalten.

Es gibt bestimmte Muster, die zeigen, warum einige Menschen öfter den Kürzeren ziehen als andere. Wenn sich ihnen eine günstige Gelegenheit bietet, sind sie hinten im Garten und suchen nach vierblättrigen Kleeblättern. Sie verpassen die Gelegenheit, die so greifbar nah vor ihren Augen ist. Sie lernen nicht aus ihren Fehlern. Die eigenen Absichten sind ihnen nicht klar, und so verhalten sie sich zwangsläufig unklar gegenüber anderen Menschen. Sie sind inkonsequent, verfolgen keinen bestimmten Kurs, bewegen sich nicht geradlinig auf ein Ziel zu.

Sie haben keine starken Verbündeten, also können sie in schwierigen Situationen auch nicht mit Unterstützung rechnen. Sie legen zu großen Wert auf Geld und Status. Sie widersetzen sich dem Wandel, passen sich nicht an. Sie sind unflexibel, haben nicht gelernt, wie man sich nach einem Rückschlag wieder fängt. Außerdem ziehen sie aus ihren Stärken keinen Nutzen, sodass sich ihre Schwächen viel negativer auswirken, als es nötig wäre.

Die Lektion des Lebens lautet: *Betrachte deine Einstellung nie als selbstverständlich, in keiner Lebensphase, an keinem Ort*. Wer das weiß, ist ein Sieger, wer nicht, ein Verlierer. Die Einstellung ist wirklich von großer Bedeutung. Wir alle sind tagtäglich von Beweisen dieser Tatsache umgeben. Was Sie aus Ihrer Einstellung machen, liegt ganz bei Ihnen.

- *Möchten Sie von anderen mehr akzeptiert werden?* Denken Sie positiv, um Ihre Persönlichkeit aufzuhellen.

- *Möchten Sie mehr Erfolg haben?* Denken Sie positiv, um Ihre Karriere weiter voranzutreiben.

- *Möchten Sie geschickter sein?* Denken Sie positiv, um Ihre Fähigkeiten zu verbessern.

- *Möchten Sie glücklicher sein?* Denken Sie positiv, um tiefere Einsichten zu gewinnen.

- *Möchten Sie, dass Ihr Leben morgen besser wird?* Hegen Sie heute positive Gedanken.

Die Einstellung ist die Waage,
auf der wir unsere Stärken mit unseren
Grenzen zum Ausgleich bringen.
Äußere Umstände sind auf lange Sicht
weniger wichtig als die Vorstellung,
die wir von uns selbst haben.

Das Meisterbuch des Positiven Denkens

DR. JOSEPH MURPHY
Das Erfolgsbuch
Wie Sie alles im Leben erreichen können
512 Seiten, € [D] 9,95
€ [A] 10,30, sFr 18,90
ISBN 978-3-548-74433-9

Die wichtigsten Lehren und Erkenntnisse des großen Meisters des Positiven Denkens schlüssig und prägnant zusammengefasst: Im Einklang mit den universellen geistigen Gesetzen lernt der Leser, sein Unterbewusstsein wirksam auf Wohlstand, Gesundheit und Glück zu programmieren. Mit der Kunst der kreativen Imagination kann jeder erfolgreich seine Ziele verwirklichen.